PATEK PHILIPPE
SAT MAR
GENEVE

breguet.com
BREGUET
1341
25
SWISS GUILLOCHÉ MAIN
Marine
5517
Die charakteristischen Merkmale einer Breguet Marine ist für jeden Liebhaber feiner Uhrmacherkunst in allen Häfen der Welt erkennbar.
Schreiben Sie Geschichte mit uns.
Breguet
Depuis 1775
H. SPLIEDT
SEIT 1857

Liebe Leserin,

lieber Leser,

am schönsten fand ich sie in einer verschneiten Winternacht. Nur die Wagenscheinwerfer erhellten den noch unberührten Neuschnee auf der schmalen Straße im Norden der Insel. In der Finsternis pflügte ich durch den weißen Teppich bis zum verlassenen Parkplatz auf dem sogenannten Ellenbogen und umrundete die Spitze zu Fuß. Die eisig-dunkle Einsamkeit eines unbekannten Planeten, diese halbe Stunde Entrückung, bleibt mir für immer der stärkste Eindruck.

Bei einem weiteren Winterbesuch Sylts im Jahr 2007 hoffte ich in der Kontemplation der Himmel- und Strandweite auf eine Idee für die strategische Neuausrichtung des Verlags, um die damals hohen Verluste zu vermeiden. Der Insel im Winter sei Dank, der zu gehende Weg wurde klar und führte zur heutigen Struktur.

Was ist aber mit dem Sylter Sommer? Mit dem Cabriofeeling, dem Beieinander in der „Sansibar", dem Aperol Spritz zum Sonnenuntergang, den Tagen im Strandkorb? Ich habe einen Sommer lang all dies und einiges mehr unternommen, fand aber nicht die gepriesene Magie, vielmehr etwas Enttäuschung ob der bourgeoisen Atmosphäre.

Als wir über einen mare-Titel „Sylt" nachdachten, wurde umgehend klar, dass in der Redaktion just diese große Bandbreite an Eindrücken und Urteilen herrschte. Fast zwangsläufig entwickelten wir über Monate die Idee, aus sechs unterschiedlichen Blickwinkeln auf die Insel zu schauen. Sechs subjektive Sichtweisen, sechs methodisch unterschiedliche Annäherungen in Text und Fotografie.

Bruce Gilden, der legendäre Porträtfotograf der berühmten Agentur Magnum, flog für uns von New York nach Sylt und blitzte in Westerland in Gesichter und Strandkörbe. Eine provokante Offenlegung von Besucherklischees. Dmitrij Leltschuk, ein Meister der Street Photography und im Finden des magischen Moments, zeigt mit seinen Schwarz-Weiß-Bildern das Sylt an sich, frei von Vorurteilen oder Stereotypen. Stefan Pielow porträtierte Menschen, die auf Sylt leben, dokumentiert gleichsam ihr Wesen, ohne Wertung, in seiner stupenden Technik. Und Heike Ollertz streifte Tag für Tag auf der Suche nach dem perfekten Licht über Dünen und Strände und gewährt uns den Blick in die unfassbare, schlichte, schöne Natur der Insel, aber ohne je einen Reiseprospekt zu bebildern.

Zwei Texte, zwei Individuen, zwei Generationen, zwei erlebte Welten: Martina Wimmer stellt in ihrem Essay viele Fragen, sucht und sucht und kommt nicht zu einem einfachen Ergebnis. Sylt ist kompliziert für sie, was ja heutzutage so selten wie erwünscht ist. Fritz J. Raddatz hingegen, der geniale Begleiter, Kenner von Literatur und Lebensart und ewiger Syltbesucher, fand seinerzeit hymnische Worte für die Insel.

Die Insel ist nicht nur als Wagenaufkleber ikonografisch; sie emotionalisiert, sobald man sie betritt. Wir wagen mit diesen rekordverdächtigen 44 Seiten zu Sylt eine ultimative Annäherung.

Viel Spaß beim Lesen wünscht Ihnen

Nikolaus Gelpke

Reportage: Gefährliches Erbe des Pazifikkriegs auf den Salomonen

Politik: Eine Expertin klärt auf über das komplexe Recht auf Hoher See

Titel: Sylt, geliebt oder gehasst. Woher rührt der Zwiespalt bei der Insel?

Wirtschaft: Schöne Aussichten für Demokratieverächter zur See?

Wirtschaft: Bewundert und gejagt – Gracia Nasi, Patrizierin der Meere

Kultur: Die Weltumsegelung des Dichters Adelbert von Chamisso

Wissenschaft: Der Sägefisch – Segen und Fluch seiner wehrhaften Nase

Titelbild

Das stimmungsvolle Bild zeigt die nach einem langen Badetag verwaisten Strandkörbe am Roten Kliff bei Kampen auf Sylt. Die vier Kilometer lange Steilwand ist ein Wahrzeichen der Insel.

RUBRIKEN

Übrigens: *Ein schöner (Heft-)Rücken kann auch entzücken. Ein Fisch ist ein Fisch ist ein Fisch ...*

LONGINES
SWISS MADE
LONGINES
MINI DOLCEVITA
SYLT EDITION

1 PUERTO LINDO
Über den Wellen / muss die Freiheit wohl grenzenlos sein … Nur versteht heute jeder etwas anderes darunter, und die Freiheit, die die einen meinen, ist für viele andere genau das Gegenteil.
Seite 86

2 LA MALBAIE
Normalerweise würden wir ja immer dazu raten, auch mal die Perspektive zu wechseln. In diesem Fall allerdings weitet sich das Bewusstsein, weil eben gerade das nicht passiert.
Seite 108

3 LISSABON
Namen sind Schall und Rauch? Nicht hier, wo Glaube vor Recht ergeht und man jene, der Dank in die Wiege gelegt wurde, zum Glück zwingen wollte. Für ihren Wohlstand hat sie selbst gesorgt.
Seite 90

4 HASTINGS
Die berühmte Schlacht fand gar nicht hier, sondern passenderweise irgendwo beim Dorf Battle statt. Der Mann, der in Gedanken dorthin reist, hat ohnehin ganz andere Assoziationen.
Seite 104

5 SYLT
Hätte sie nicht vor vielen Jahren so drastisch abgenommen, wer weiß, ob die Leute sie genauso lieben würden. Oder hassen. Oder beides. Noch dünner werden sollte sie allerdings nicht.
Seite 40

6 PARIS
Die ganze Stadt mag manchmal von der Liebe träumen, die beiden Herren, die sich einst dort schicksalhaft begegneten, hatten anderes in ihren Köpfen. Es hatte in der Folge aber auch mit Fortpflanzung zu tun.
Seite 96

7 DOMODOSSOLA
Sie können ein Lied davon singen, wie das Meer ans Land kommt. Nicht an die Küste, sondern mitten hinein, in eine herrliche Mischung aus Weißwein, Olivenöl, und Knoblauch.
Seite 84

8 NEAPEL
Das hat man davon, wenn man anderen mit Werkzeug zuhilfe kommt. Da gibt es nichts mehr zu sägen, äh, sagen. Außer vielleicht: Undank ist der Welt Lohn.
Seite 122

No. 164 mare Die Schauplätze

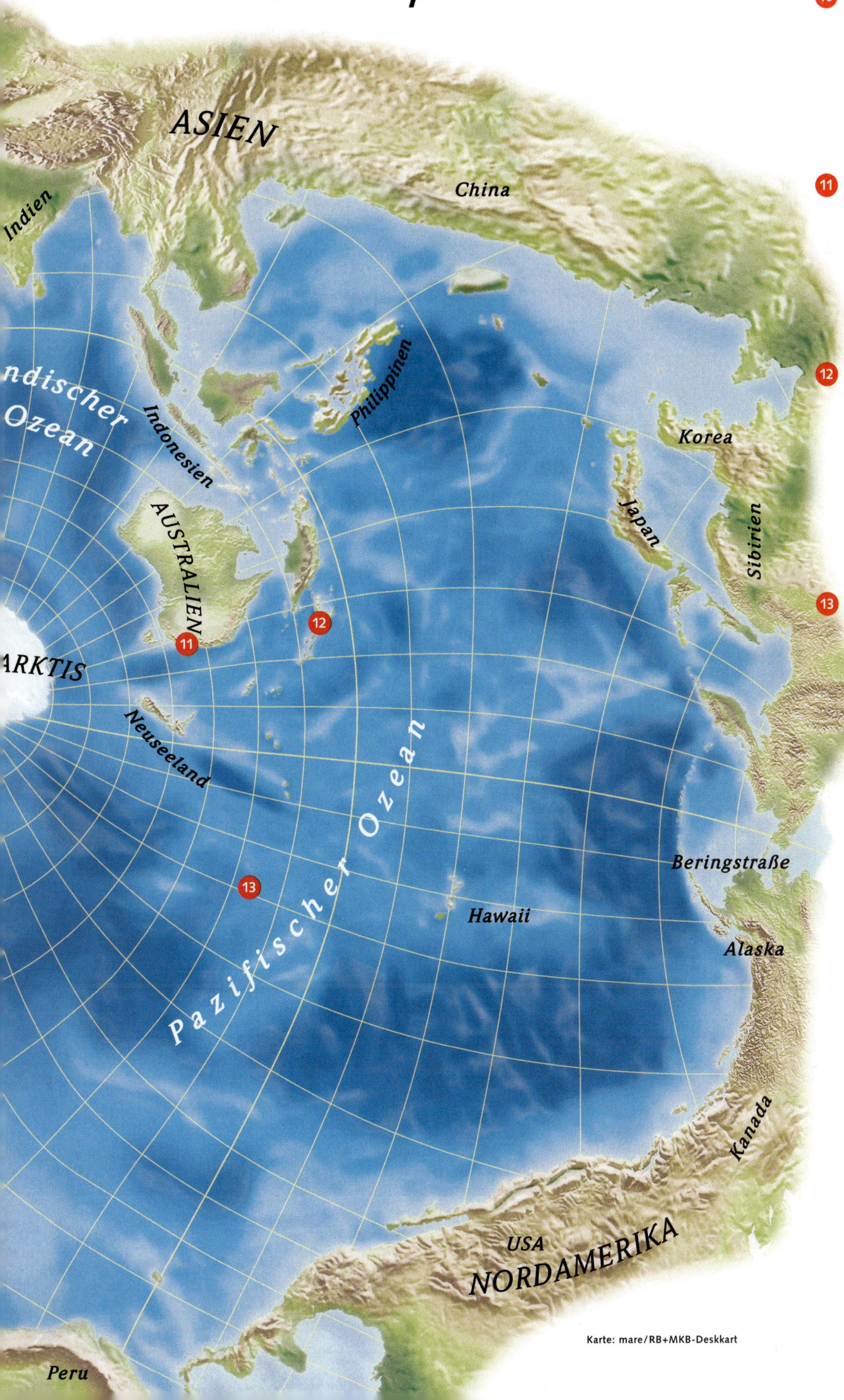

9 MASKAT
Er lebte nicht mehr, als sie ihn gefunden haben, und bald darauf klingelte das Telefon des Spezialisten. Er übernahm, flog sofort hin und blieb dann noch drei Jahre und neun Tote länger.
Seite 116

10 SÃO TOMÉ UND PRÍNCIPE
Die Kraft, die aus der Tiefe kommt, kann ihre Wirkung nur entfalten, wenn's weiter oben fast heiß hergeht. Man sollte nichts unversucht lassen, in Sachen Energie und Zukunft.
Seite 134

11 SYDNEY
Das Unternehmen muss nicht dem Untergang geweiht sein. Allerdings hat ihn beim ersten Versuch auch niemand erwartet. Vielleicht wäre es besser, man ließe die Geschichte ruhen.
Seite 132

12 SALOMONEN
Denkmäler braucht keiner zur Erinnerung. Die Vergangenheit dieses Archipels ist ein Teil ihrer Gegenwart, den sie nie vergessen sollten. Das könnte sie ihr Leben kosten oder es zur Hölle machen, wo übrigens auch die potenziellen Retter residieren.
Seite 14

13 TAHITI
Besondere Bedürfnisse werden wohl weiter berücksichtigt, aber anders als geplant. Das sorgte vor Ort für besseres Klima, denn dabei sein ist schon lange nicht mehr alles, sondern als Motto heutzutage ziemlich hohl.
Seite 12

Die mare-Weltkarte

Der Versuch, den Globus auf eine Weltkarte zu projizieren, quasi die Quadratur der Kugel, ist ohne Kompromisse zum Scheitern verurteilt. Und so sind es stets die Meere, die auseinandergerissen und verzerrt dargestellt werden. mare beschreitet mit seiner Weltkarte den umgekehrten Weg: Nach einer Projektion von Athelstan Spilhaus präsentieren wir die Meere und ihre Küsten so, wie sie tatsächlich zusammenhängen.

Karte: mare/RB+MKB-Deskkart

Das blaue Telefon

Ihre mare-Hotline in die unerforschten Weiten und Tiefen der Meere

Ihre maritimen Fragen können Sie per Telefon (0800/218 218 2, gebührenfrei) oder E-Mail (wat@mare.de) stellen. Diesmal antworteten Ihnen Ulrike Prange und Luis Greiffenhagen von MARUM – Zentrum für Marine Umweltwissenschaften der Universität Bremen sowie Rosalia Franke von der Universität Hamburg.

Die Surfwettbewerbe der Olympischen Spiele finden in diesem Jahr in Tahiti statt. Hat das Folgen für die Meeresumwelt dort?

Irma Neideck, Hamburg

Die Surfwettbewerbe der Olympischen Spiele 2024 in Frankreich werden auf Tahiti ausgetragen, um den polynesischen Ursprung des Surfens anzuerkennen und zu feiern; Tahiti liegt in Französisch-Polynesien, einem Überseegebiet Frankreichs. Aus Surfsicht ist aber ein anderer Aspekt ausschlaggebend: Die Wellen an französischen Küsten sind im Sommer weder besonders häufig noch von besonders hoher Qualität. In Polynesien dagegen sind Juli und August die besten Monate für Wellen, die von den Winterstürmen der südlichen Hemisphäre über den Pazifik geschoben werden. Das bestätigt Alessio Rovere, Forscher an den Universitäten Venedig und Bremen und passionierter Surfer. „Auf Tahiti befindet sich einer der besten Spots der Welt, Teahupo'o. Dieses Riff ist eine steile Wand, die von wenigen Meter Tiefe bis zu mehr als 80 Metern fast senkrecht abfällt. Wenn lange Wellen auf dieses Riff treffen, entsteht eine der spektakulärsten und gefährlichsten Wellen der Welt: eine Steilwand, die nur die erfahrensten Surfer der Welt bewältigen." Rovere weist aber auch auf einen negativen Aspekt der Olympischen Spiele in Tahiti hin: Um die Leistungen der Surfer zu bewerten, müssen die Kampfrichter ihnen nahe sein, Kameras übertragen das Event live. Bei jährlichen World Surf Events werden dafür zwei Holztürme zur Veranstaltung in der Rifflagune aufgestellt. Diese haben nur eine begrenzte Auswirkung aufs Riff. Bis vor einigen Monaten gab es das Projekt, einen deutlich größeren Turm zu bauen, der mit Toiletten und Klimaanlagen ausgestattet und mit Strom von Land versorgt sein sollte. Die über die Zerstörung des Riffs besorgte Bevölkerung löste einen internationalen Protest aus. Nun hat das Olympische Komitee beschlossen, die Größe des Turms zu verringern und ihn nachhaltiger zu gestalten.

Internationale Proteste von Umweltschützern gegen die olympischen Surfwettbewerbe 2024 in Tahiti haben gewirkt

In sozialen Medien kursierte ein Foto zweier Meere, die aufeinandertreffen, eines dunkelblau und das andere grünbraun. Warum vermischen sich die beiden Meere nicht?

Clarissa Kilian, Düsseldorf

Auf dem Foto sind nicht zwei Meere zu sehen, sondern vielmehr zwei Wasserschichten. In Meeren (und Seen) treffen ständig Wassermassen aufeinander und schichten sich. Durch Wind und Strömungen werden sie miteinander vermischt. Warum die Wassermassen sich nicht sofort zu einer einzigen verbinden, obwohl alles Wasser ist, hat verschiedene Gründe. Durch Dichte-, Salzgehalt- und Temperaturunterschiede der Wasserkörper bilden sich Schichten. Schmelzwasser von Gletschern etwa hat durch seinen hohen Süßwasseranteil eine geringere Dichte und liegt auf dem schweren und salzigen polaren Wasser auf, ähnlich wie bei einem Latte Macchiato der Espresso auf der Milch. Wie beim Latte Macchiato durch Rühren reicht im Meer der Wind aus, um Schmelz- mit Salzwasser zu vermischen. Der deutliche Farbunterschied der Wassermassen auf dem Bild ist durch den Nährstoff- und Schwebstoffgehalt im Meer zu erklären. Blaues Wasser ist tendenziell nährstoffarm, von Fischern wird Blau daher die „Wüstenfarbe" des Ozeans genannt. In grünem bis braunem Wasser sind viele Mikroalgen und Schwebstoffe wie aufgewirbeltes Bodenmaterial. Mikroalgen und das sich davon ernährende Plankton bilden die Nahrungsgrundlage für fast alles Leben im Meer. Je mehr Plankton sich ansammelt, desto grünbrauner erscheint das Wasser.

Wie beim Latte Macchiato: Die Eigenschaften unterschiedlicher Wasserkörper erzeugen auch im Meer oft eine Schichtung der Massen

Wie alt werden Fische?

Maximilian Kaiser, Mendig

Fische umfassen mit circa 30 000 bekannten Arten eine große Bandbreite an Wirbeltieren. Daher gibt es auch große Unterschiede in der Lebenserwartung. Diese reicht von einigen Wochen bis zu mehreren Jahrhunderten, aber unser Wissen beschränkt sich auf Stichprobenmessungen. Hierbei kann das Alter von Fischen etwa durch Anlagerungen in deren Knochen und Schuppen, die wie Jahresringe eines Baums erscheinen können, wissenschaftlich festgestellt werden. Die Grundel *Eviota sigillata* (zwei Zentimeter Länge) hat mit nur etwa acht Wochen die kürzeste bekannte Lebensspanne bei Fischen. Am anderen Ende der Skala steht der Grönlandhai (circa 500 Zentimeter Länge) mit einem Exemplar, dessen Alter auf 392 Jahre datiert wurde. Damit ist er nicht nur der älteste Fisch, sondern auch das älteste bekannte Wirbeltier. Lachse etwa werden meist bis zu zehn Jahre alt, aber es gibt ähnlich große Fische, die erstaunlich alt werden, wie der Felsenbarsch *Sebastes aleutianus*, dessen Alter auf bis zu 205 Jahre bestimmt wurde. Außer den wissenschaftlich datierten Fischen in der Natur existieren Berichte über ihre Lebensdauer in Aquarien. So wurde der älteste Goldfisch 43 Jahre alt, und ein Lungenfisch namens Methuselah lebt seit 1938 im selben Aquarium in Kalifornien. Offenbar sind bestimmte Gennetzwerke verantwortlich für die besondere Langlebigkeit einiger Arten, weshalb aktuell daran geforscht wird, ob diese zur Verzögerung des menschlichen Altersprozesses genutzt werden können.

Acht Wochen bis 400 Jahre: Noch sind die Ursachen unklar, weshalb Fischarten so große Unterschiede in ihren Lebensspannen haben

LAN
SER
HOF
SYLT
GESUNDHEIT BEGINNT IM KOPF.
UND BEI UNS.
Sieben Übernachtungen
inkl. medizinischem Basispaket:
Resort Lans ab 5.900 EUR p.P.
Resort Sylt ab 6.400 EUR p.P.
Resort Tegernsee ab 6.900 EUR p.P.
www.lanserhof.com

Kinder am Strand von Munda auf der Insel New Georgia. Hier liegen besonders viele Bomben und Granaten im Boden

DER TOD SPIELT IMMER MIT

Die Schlachten des Pazifikkriegs liegen 80 Jahre zurück. Doch die tödliche Gefahr ist längst nicht vorbei. Noch heute sterben auf den Salomonen Menschen bei Explosionen von Blindgängern

Text: Andrzej Rybak   Fotos: Jonas Kakó

Oben **Barnabas Seniti vom Kampfmittelräumteam der Polizei markiert einen Blindgänger.** *Rechte Seite* **Hauptstraße auf Guadalcanal**

DIE SPENDENVERANSTALTUNG der Adventistenkirche von Honiara fand auf einem Hügel statt, gerade 400 Meter Luftlinie vom Parlament der Salomonen entfernt. „Der Tag war unerträglich heiß, deswegen haben wir beschlossen, die Feuerstelle unter dem Mangobaum zu errichten, um etwas Schatten zu finden", erzählt Maeverlyn Pitanoe, die an der Zubereitung der traditionellen Erdofenspeisen für die Gäste beteiligt war. Ihr gingen zwei junge Männer zu Hand – Raziv, der Neffe der Grundstücksbesitzerin, und dessen Freund Charles. Es war kurz vor zehn Uhr, als das Unglück passierte.

An den Knall der Explosion kann sie sich nicht erinnern. Sie wurde mehrere Meter den Hang hinaufgeschleudert, verlor das Bewusstsein aber nicht. „Ich sah, wie Charles und Raziv den Hang herunterrollten", erinnert sich Pitanoe. „Und ich sah, wie mein Bein blutet und die Haut von meinem Arm herunterhängt." Die Frau wurde von anderen Gästen ins Auto gepackt und sofort ins Krankenhaus gebracht. Trotz des hohen Blutverlusts und der tiefen Wunden überlebte sie den Unfall. Nach 53 Tagen konnte sie das Krankenhaus verlassen. Die beiden Männer starben, Raziv an Ort und Stelle, Charles kurz darauf im Krankenhaus. „Wir haben 20 Jahre in dem Haus gewohnt und das Essen im Garten vorbereitet", sagt Rusilla Posala, Razivs Tante. „Niemand hat vermutet, dass da im Boden noch alte Blindgänger stecken."

Die Hitze des Erdofens hatte einen 105-Millimeter-Blindgänger des Zweiten Weltkriegs zur Explosion gebracht. Auf den Salomonen passiert das regelmäßig. Dutzende Menschen werden jedes Jahr Opfer von Flugzeugbomben, Artilleriegeschossen, Granaten und Patronen, die seit mehr als 80 Jahren in der Erde liegen.

Um diese Inseln am Ende der Welt tobten damals, im Jahr 1942, die schwersten Schlachten des Pazifikkriegs. Sechs Monate brauchten die US-Soldaten, um die Hauptinsel Guadalcanal im Westpazifik von den Japanern zurückzuerobern, fast 7000 US-Marines und mehr als 20 000 japanische Soldaten starben bei den Kämpfen. Weitere sechs Monate dauerten sie auf New Georgia, Choiseul und Bougainville im Nordwesten des Archipels. In dieser Zeit wurden von beiden Kriegsgegnern Hunderttausende Bomben abgeworfen und Millionen Patronen abgefeuert – davon sind möglicherweise 20 bis 30 Prozent nicht explodiert.

Als sich die US-Streitkräfte kurz nach dem Krieg von den Salomonen zurückzogen, ließen sie die Blindgänger, fachsprachlich Unexploded Ordinance (UXO) genannt, im Boden. Zerstörte Panzer, Flugzeuge und Artilleriegeschütze rosten bis heute an malerischen Stränden vor sich hin, versenkte Schiffe liegen vor der Küste am Meeresboden. Bis zur Unabhängigkeit der Salomonen von Großbritannien 1978 sprach niemand über das tödliche Erbe. Japaner wie Amerikaner bargen zwar die Überreste ihrer gefallenen Soldaten, um sie würdig in der Heimat zu bestatten, und bauten in Honiara teure Kriegsdenkmäler, um die Gefallenen zu ehren. Doch niemand übernahm Verantwortung für die Blindgänger, die durch Regen und Erosion regelmäßig an die Erdoberfläche geraten. Kinder, die im Urwald spielen, werden immer wieder schwer verletzt, auch bei Bauarbeiten kommt es zu Explosionen.

Der Unfall hat das Leben der 51-Jährigen Pitanoe verändert. Ihre Beine und Arme sind von tiefen Narben durchzogen, die immer noch schmerzen. „Früher bin ich jeden Tag zu Fuß zur Arbeit an die Uni gelaufen und hatte abends immer noch genug Energie, um selbst gebackenen Kuchen auf dem Markt zu verkaufen", sagt die Schulinspekteurin. „Heute bin ich immer müde, kann schlecht schlafen, habe Hitzewallungen und Panikattacken." Ihre Familie ist besorgt; jedes Mal, wenn sie das Haus verlässt, wird sie von einem ihrer Söhne oder Neffen begleitet.

Der Staat, der aus gut 900 Inseln besteht und heute rund 700 000 Einwohner zählt, war weder technisch noch finanziell in der Lage, das tödliche Erbe des Zweiten Weltkriegs zu beseitigen. Bis heute hängen die Salomonen am Tropf internationaler Hilfe. „Die USA und Japan müssten ihre Leute schicken und die Räumung finanzieren. Sie sind doch verantwortlich dafür, was hier passiert ist", sagt Pitanoe. In Laos oder Kambodscha habe die Welt die Minen längst geräumt, obwohl der Krieg dort viel später zu Ende ging. „Für die Salomonen gibt es nicht einmal einen Fonds, um die Opfer zu entschädigen." Nach ihrem Unfall erhielt sie auch vom Staat keine Unterstützung. Medikamente musste sie selbst bezahlen.

In den vergangenen Jahren gelang es der Regierung immerhin, die Aufmerksamkeit der Welt auf das Problem zu lenken. Honiara stellte ein Polizeiteam auf, das für die Beseitigung alter Kampfmittel zuständig ist. Das Team wurde von Experten aus den USA und Australien ausgebildet, die beiden Länder – und auch Japan – halfen bei der Beschaffung der Ausrüstung. Das Pacific Islands Forum führte 2011 eine Untersuchung auf den Salomonen durch und beschloss, die Räumung der Blindgänger auf dem Archipel auf seine Agenda zu nehmen. „Wir sind inzwischen 30 Mann im Team, alles Bombenprofis", sagt Vizekommandeur Peter Ririvere, der seit der Gründung der Einheit dabei ist. „Das reicht gerade, um die täglichen Bombenfunde zu beseitigen. Aber wir haben keine Kapazitäten, um die Insel systematisch nach Blindgängern abzusuchen."

Seit 2011 hat das Polizeiteam etwa 47 000 Blindgänger geborgen. Sie wurden alle registriert, untersucht und anschließend zerstört. Die meisten Blindgänger sind mit Sprengstoff gefüllt, doch es gibt auch viele Bomben und Granaten mit chemischen Substanzen wie Weißer Phosphor oder Senfgas. „In der Regel finden wir 30 bis 40 Blindgänger die Woche, die wir in zwei Containern aufbewahren", sagt Ririvere. „Die kleineren sprengen wir in einer Erdgrube auf unserem Gelände, die größeren lassen wir von einem Roboter zerschneiden."

Die Einheit hat ihr Hauptquartier in Hell's Point, einem alten US-Munitions-

Lesen Sie bitte weiter auf Seite 20

Jeffery Manle wurde bei der Explosion einer Rohrbombe schwer verletzt. Seit dem Unfall lebt er bei seinem Onkel

Die Kampfmitteleinheit der Polizei sammelt die gefundenen Blindgänger ein und lagert sie in einem Container

depot in der Nähe des Flughafens von Honiara. Das Gelände, rund 120 Hektar groß, ist umzäunt; wegen der regelmäßigen Sprengungen ist der Zutritt für die Bevölkerung untersagt. Im Empfangsbereich zwischen den Bürocontainern stehen Vitrinen mit verschiedenen Munitionstypen, die auf den Salomonen gefunden wurden. Unter einer Überdachung sind auch zerschnittene Bomben, Granaten und Geschosse ausgestellt. „Wir kennen uns mit den Waffen aus dem Zweiten Weltkrieg besser aus als westliche Ausbilder, die manche der alten Kampfmittel noch nie gesehen haben", sagt Ririvere mit stolzer Stimme.

Rund um das alte, von den Japanern gebaute Lunga-Flugfeld fanden 1942 die schwersten Kämpfe statt. Besonders berühmt ist die Hügelkette Bloody Ridge, „Blutiger Hügel", wo eine kleine Gruppe von US-Soldaten tagelang den japanischen Angriffen trotzte, bevor weitere Truppen landeten. Dort ist offenes Feuer streng verboten, so stark ist das Gebiet mit Blindgängern verseucht. Diese Vorsichtsmaßnahme ist keine Übertreibung: Während der Räumarbeiten für das neue Stadion, das ebenfalls unweit des Flughafens liegt, wurden auf einer Fläche von 6000 Quadratmetern über 8000 gefährliche Objekte gefunden, nicht explodierte Patronen, aber auch Mörsergranaten und Artilleriegeschosse.

Die US-Behörden geben heute zu, dass Blindgänger aus dem Pazifikkrieg eine Bedrohung für die Bevölkerung der Salomonen darstellen. Washington hat deswegen 2022 die größte private Minenräumungsfirma The Halo Trust beauftragt, eine umfassende Studie zu den verseuchten Gebieten anzufertigen. „Wir wollen die kontaminierten Gebiete untersuchen und Räumungsprioritäten vorschlagen", sagt Josh Ridley, der die Arbeit von The Halo Trust auf den Salomonen koordiniert. „Wir arbeiten mit der Lokalbevölkerung eng zusammen und werten auch alte Dokumente des US-Militärs aus."

Erstes Ziel ist es, mit einer aktuellen Karte der UXO-Verseuchung die Kosten für die Räumungen zuverlässig zu schätzen. „Im hügeligen, vom Urwald bewachsenen Terrain ist die Bergung sehr teuer, auf dem Flachland ohne Vegetation geht es relativ schnell und preiswert", sagt Ridley. „Wenn genug Geld zur Verfügung steht, können wir die Salomonen in zehn bis 20 Jahren von Blindgängern befreien." Mit 30 000 Quadratkilometern ist der Staat vergleichsweise klein. Und nur in wenigen Regionen wurde gekämpft.

Seit dem Ottawa-Abkommen über das Verbot von Antipersonenminen 1999 wurden weltweit gut zwölf Milliarden Dollar in die Beseitigung von Minen investiert. Doch das Geld floss vor allem nach Kambodscha, Laos und Afghanistan. Die Salomonen gingen weitestgehend leer aus, weil es sich hier um Blindgänger und nicht um Landminen handelt.

Doch nun dreht sich der Wind. Die Hilfsbereitschaft der USA und seiner Verbündeten ist gewachsen, seit die Regie-

Linke Seite **Maeverlyn Pitanoe verlor mehrere Finger, als ein Blindgänger explodierte.** *Oben* **Dorf in der Lagune von Langa Langa**

rung der Salomonen 2022 einen Sicherheitspakt mit China angekündigt hat. Washington antwortete mit einer Charmeoffensive, zu der neben Finanzspritzen auch die Eröffnung einer US-Botschaft gehört. Zum 80. Jahrestag der Schlacht von Guadalcanal besuchten die US-Vize-Außenministerin Wendy Sherman und die US-Botschafterin in Australien, Caroline Kennedy, eine Tochter John F. Kennedys, die Inseln. Für die Kennedys sind die Salomonen ein Schicksalsort. JFK kämpfte als Marinesoldat um New Georgia, sein Boot wurde versenkt, er rettete sich mit einigen Kameraden auf eine kleine Insel, die nach ihm benannt ist.

Die Polizisten in Hell's Point können Verstärkung gut gebrauchen, das Telefon der Einheit klingelt täglich. Auch heute: Beim Straßenbau in der Nähe hat die private salomonische Minenräumungsfirma SIEOTEC drei Blindgänger gefunden. „Wir sind von einer Baufirma angeheuert worden, um die Piste vor der Asphaltierung zu checken", sagt Lenny Lonsdale, Vizechef des Unternehmens. Die Ausbeute hat selbst ihn überrascht: Auf einer Länge von 400 Metern haben seine Leute fast 100 Blindgänger gefunden. „Die Autos sind hier seit Jahren buchstäblich über die Blindgänger gefahren. Ein Wunder, dass nichts passiert ist."

Sein Team scannt die löchrige Piste, immer wieder schlägt das Gerät an, wenn ein Metallstück unter der Erde steckt. Die Mitarbeiter markieren die Punkte mit blauen Kreuzen, später lassen sie den Bagger an diesen Stellen die Erde ausgraben, die sie mit Punktdetektoren untersuchen. Meist sind es alte Bombensplitter, doch hin und wieder, vor allem am Straßenrand und im Entwässerungsgraben, finden sie Blindgänger. „Wir rufen dann in Hell's Point an, die Polizisten holen die Blindgänger ab und bringen sie zur Sprengung auf ihr Gelände", sagt Lonsdale.

SIEOTEC wurde von Lonsdales Vater, einem ehemaligen Polizeioffizier, gegründet. Er schickte seine beiden Söhne zur IMAS-Akademie in den Kosovo, wo sie eine Minenräumausbildung absolvierten. Lenny kennt sich mit allen möglichen Sprengsätzen aus, hat mit Stufe drei die höchstmögliche Qualifikation erworben. „Die alten Blindgänger sind weniger gefährlich als moderne Minen, die bei der kleinsten Berührung explodieren", sagt er. „Deswegen müssen wir keine Panzerkleidung tragen."

Der Beruf des Minenräumers hat auf den Salomonen Zukunft. „Wir werden bei allen großen Bauvorhaben eingeschaltet, denn die Bautrupps arbeiten erst dann, wenn alles sicher ist", sagt Lonsdale. In Honiara gibt es inzwischen neun private Minenräumungsfirmen, die für ihre Dienste zwischen 50 Eurocent und einem Euro je Quadratmeter verlangen. „Billiger geht es wirklich nicht. Ein vernünftiger Minendetektor kostet 8000 bis 10 000 Euro." Privatleute, die ihren Garten gern überprüfen würden, können sich das aber oft nicht leisten.

Am Straßenrand finden die Minenräumer auch immer wieder zerschnittene Munitionshülsen unterschiedlicher Kaliber. „Hier waren Leute am Werk, die den Sprengstoff aus den alten Geschossen

Lesen Sie bitte weiter auf Seite 24

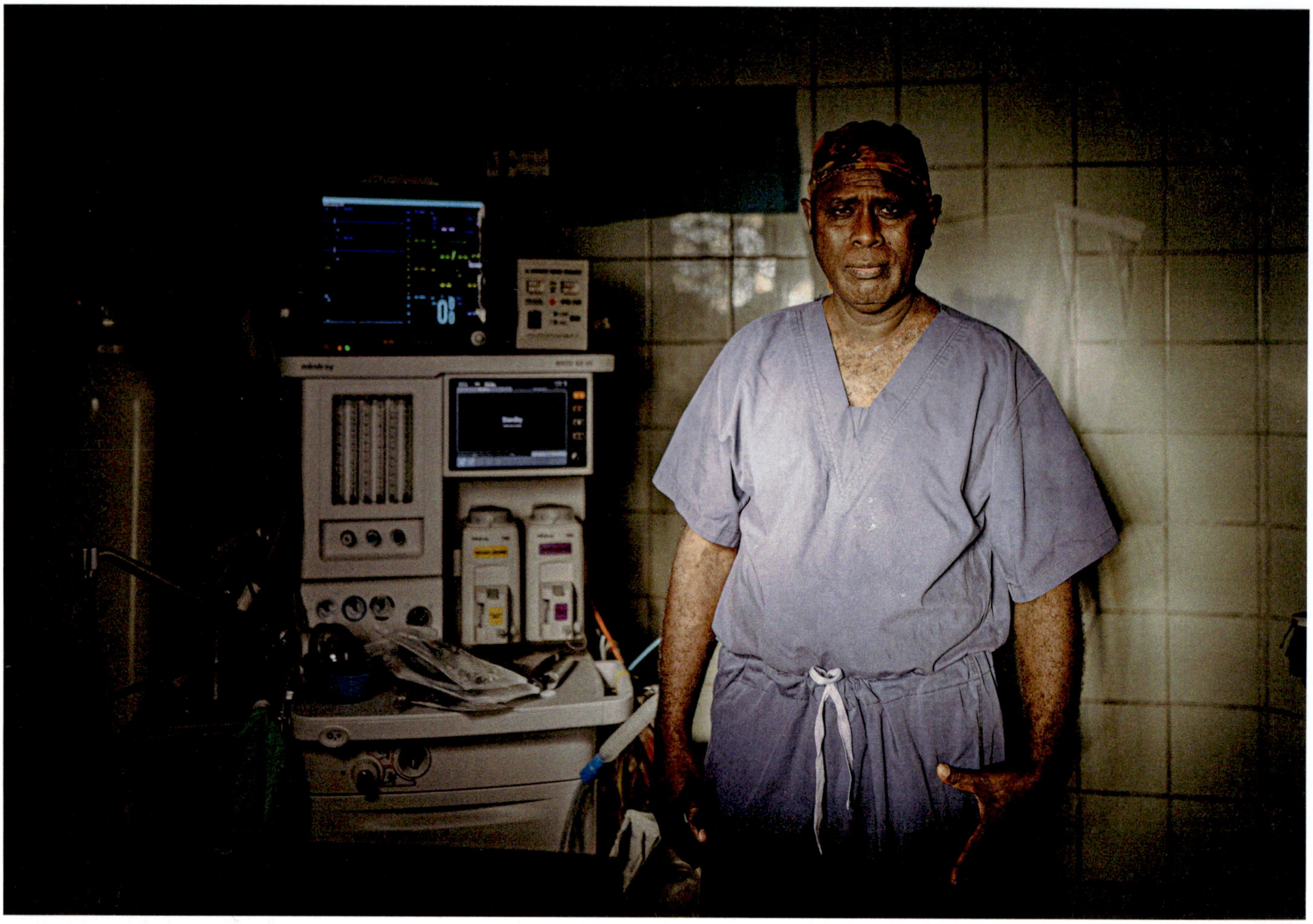

Rooney Jagilly, Chirurg im National-Referral-Krankenhaus in Honiara, in seinem OP

Ein altes Flugzeug aus dem Zweiten Weltkrieg im Vilu War Museum auf der Hauptinsel Guadalcanal herausholen, um ihn beim Fischen zu verwenden", erklärt Lonsdale. „Es gibt einen Schwarzmarkt. Dort kann man für 30 bis 50 Euro Sprengstoffflaschen mit selbst gebauten Zündern kaufen."

Das Geschäft ist gefährlich. Beim Zerschneiden der Hülsen erhitzt sich das Metall oft zu stark und lässt sie explodieren. Auch beim Fischen riskieren die Leute ihr Leben, denn beim Schleudern des Sprengsatzes kommt es auf das Timing an: Wirft man ihn zu früh, sinkt die Flasche auf den Meeresboden und tötet wenige Fische; zögert man zu lange, explodiert er in der Hand, der Fischer verliert seinen Arm. Doch der Gewinn lockt. Wer einen Schwarm erwischt, kann durchaus 1000 Fische auf einmal einsammeln. Das bringt 500 Euro.

Sprengfischen ist illegal, es zerstört die Riffe. „Auf unserer Insel Malaita sind die Leute meist so arm, dass sie es früher oder später trotzdem versuchen", sagt Jeremaiah Mafaeki. Auch er zerschnitt früher alte Blindgänger und baute Sprengsätze. An der Langa-Langa-Lagune galt er als Experte. Manchmal kamen Nachbarn mit einer Bombe zu ihm, wenn sie sich nicht trauten, den Sprengstoff herauszuholen. „Ich habe in meinem Leben vielleicht 100 Bomben aufgeschnitten", sagt der 63-Jährige.

Doch dann passierte das Unglück. Aus einer langen Mörsergranate floss eine ölige Substanz heraus. Sie tröpfelte auf seine Haut und begann seine Beine und Arme zu zerfressen. Er verlor das Bewusstsein und wachte erst im Krankenhaus auf. Sein Körper war mit fleischigen Wunden übersät. Erst nach Monaten wuchs die Haut langsam nach. Inzwischen sind vier Jahre seit dem Unfall vergangen, doch er verspürt immer noch heftigen Juckreiz und Schmerzen. Die neue Haut hat stellenweise noch keine Pigmentierung – dazu ist sie sehr dünn und rissig. „Wenn ich mich stoße, platzt sie manchmal auf", sagt Mafaeki. Immerhin hat er überlebt und wurde nach drei Monaten aus dem Krankenhaus entlassen. „Das war meine letzte Bombe", sagt er. „Der Herr hat mir ein zweites Leben geschenkt. Ich werde es für kein Geld der Welt noch einmal in Gefahr bringen."

Niemand auf den Salomonen weiß genau, wie viele Menschen jährlich durch Blindgängerunfälle oder illegale Fischerei getötet oder verletzt werden. Offiziell starben allein in den beiden letzten Jahren vier Menschen bei zwei Explosionen, die Dunkelziffer dürfte deutlich höher sein. Denn auf den Inseln gibt es kaum Ärzte oder Krankenhäuser; die Menschen sterben, werden bestattet, niemand führt Statistik über die Todesursachen. Nur auf Guadalcanal haben Opfer eine reale Überlebenschance. „Wir sind das einzige Krankenhaus, das sie versorgen kann", sagt Rooney Jagilly, Arzt am National Referral Hospital in Honiara. „Oft müssen wir den Opfern Arme, Hände oder Füße amputieren und Verbrennungen behandeln."

Jagilly ist Chirurg, in seiner 30-jährigen Laufbahn hat er weit über 100 Opfer

Linke Seite **Ein Junge hat Patronen am Strand gefunden.** *Oben* **Kinder spielen auf einem zurückgelassenen Weltkriegspanzer**

versorgt. „Es ist ein Skandal, dass so etwas 80 Jahre nach dem Krieg passiert", schimpft der Arzt. „Die damaligen Kriegsgegner hielten es nicht einmal für angebracht, uns beim Aufbau der Chirurgie zu helfen." Das beste Krankenhaus auf den Salomonen hat keine Intensivstation mit Herz-Lungen-Maschinen. Auf dem gesamten Archipel gibt es auch keine Prothesenwerkstatt, die Opfer können nur Krücken und Rollstühle bekommen.

Auch auf New Georgia, der fünftgrößten Insel der Salomonen, fallen die Menschen alten Granaten zum Opfer. Rund um das Flugfeld in Munda tobten blutige Kämpfe, die vom Urwald bewachsenen Hänge standen drei Monate lang unter Dauerbeschuss. „Die Leute finden immer wieder Blindgänger, wenn sie das Land bestellen oder Holz im Wald holen", sagt Barnabas Seniti, Sergeant bei der Minenräumeinheit, der alle paar Monate nach Munda kommt, um die Blindgänger einzusammeln. Er bringt sie an einen sicheren Ort im Wald und sprengt sie.

Heute wird der Sergeant zu einem entlegenen Ort im Urwald geführt, die feuchte Luft treibt ihm Schweiß auf die Stirn. Zwei Jugendliche zeigen ihm den Weg, sie wohnen nicht weit von der Fundstelle entfernt. Die Gruppe bleibt an einem großen Baum stehen. Zwischen den Wurzeln, direkt am Stamm, halb von Sand und Blättern bedeckt, liegen neun verrostete Handgranaten amerikanischer Herkunft. „Sie alle haben keinen Zünder, sind aber möglicherweise mit Sprengstoff gefüllt", sagt Seniti. Er macht Fotos, notiert die GPS-Koordinaten auf seinem iPad und eilt zur nächsten Fundstelle, wo am Rand eines Süßkartoffelfelds eine Mörsergranate liegt. Er schaut sich den Blindgänger an, hämmert zwei Stöcke in die Erde und spannt ein rotes Band mit der Aufschrift „Danger" um das Objekt. „Unsere Leute werden sie beim nächsten Besuch abholen", sagt er.

In den Wäldern New Georgias befinden sich immer noch große Mengen an Waffen aus der Kriegszeit, darunter Artilleriegeschütze, Maschinengewehre und abgestürzte Flugzeuge. Eltern bringen ihren Kindern bei, sich von der verrosteten Technik fernzuhalten. Hin und wieder kommen aber Militariasammler nach Munda, um die Gegend zu durchkämmen. Auf den Salomonen gibt es mehrere private Museen, die Weltkriegsgegenstände ausstellen. Besonders wertvolle Artefakte werden auch außer Landes geschmuggelt, etwa nach Australien.

Auch Munda hat ein solches Museum. Vor 22 Jahren fand Barney Paulsen beim Aufräumen im Garten die Erkennungsmarke des US-Soldaten Peter Joseph Palatini. „Von dem Moment an begann ich zu sammeln, was vom Krieg übrig blieb."

In seinem Museum findet man alles: schwere Waffen und Munition, Uhren und Kameras, alte Medizin- und Coca-Cola-Flaschen. „Etwa zwei Drittel der Artefakte stammen von den Amerikanern, ein Drittel von den Japanern", sagt Paulsen. Sie sind in einer Baracke ausgestellt, die er mit finanzieller Unterstützung der neuseeländischen Tourismusbehörde errichtet hat. Seine Lieblingsstücke? „Eine Thompson-Maschinenpistole und ein Schlagringmesser der US Navy." ➢

Eine Meeresschildkröte als Haustier auf Buloabu. Offenbar wurde sie vom Sprengfischen verschont, was hier häufig geschieht

Die wahrscheinlich größte Sammlung von Kriegsgegenständen gehört dem Deutsch-Waliser Kurt Markwarth in Honiara. Sein Vater kam 1964 aus Bremen auf die Salomonen und gründete die erste Schifffahrtsgesellschaft. Seine Söhne importieren und vertreiben heute Erdölprodukte. Fünf Leute durchstreifen für den Geschäftsmann regelmäßig die alten Schlachtplätze. In einer Halle in einem Vorort von Honiara bewahrt Markwarth auch alte Panzer und Flugzeuge auf, die er Schritt für Schritt restaurieren will.

Für die meisten Touristen, die es nach Honiara verschlägt, sind die Überbleibsel des Zweiten Weltkriegs eine Attraktion. Zum Programm gehört meist der Besuch des Tetere Beach im Osten der Hauptstadt, wo mehrere bei der Landung beschädigte US-Amphibienfahrzeuge vor sich hinrosten. Beliebt ist auch das Wrack des 135 Meter langen japanischen Transportschiffs „Kinugawa Maru“, das im November 1942 getroffen wurde und seither im seichten Wasser am Bonegi Beach liegt.

Laut Historikern wurden allein im Ironbottom Sound, der Meerenge zwischen Guadalcanal und den benachbarten Nggela-Inseln, 111 Schiffe versenkt und mehr als 1400 Flugzeuge abgeschossen. Die Wracks bereiten Umweltschützern Sorgen. „Die Schiffe sind mit Treibstoff und Munition untergegangen“, sagt Melchior Mataki, Generalsekretär im Umweltministerium. „Zum Glück liegen sie in Tiefen von über 200 Metern, wo sie nur langsam korrodieren.“ Die australische Major Projects Foundation, die Hunderte Wracks untersucht hat, hält dennoch zehn Wracks, die im seichteren Wasser liegen, für eine „große Umweltgefahr“.

Die Wrackexperten schätzen, dass die Schiffsrümpfe um 0,1 bis 0,2 Millimeter im Jahr korrodieren, je nach Sonneneinstrahlung und Salzgehalt des Wassers. Die alten Kriegsschiffe haben eine Rumpfdicke von 25 Millimetern, haben also erst etwa ein Drittel ihrer Wandstärke verloren. Die Salomonen liegen aber in einer seismisch aktiven Region. Nach einem Erdbeben der Stärke sieben im November 2022 schwappte Öl an die Nordwestküste von Guadalcanal – vielleicht aus einem der gesunkenen Schiffe.

Es ist auch möglich, dass die Schiffe außer Sprengstoffmunition auch chemische Waffen wie Senfgas geladen haben. Vor den Russell Islands, nordwestlich von Guadalcanal, wurden über 100 amerikanische Senfgasbomben gefunden. „Wir haben weder die finanziellen Mittel noch die Technologien, um die Wracks leer zu pumpen oder die Munition zu bergen“, sagt Mataki.

Die Regierung der Salomonen hat bereits mehrmals auf die Gefahr einer Umweltkatastrophe hingewiesen, ohne Erfolg. Mataki: „Die Schiffe sind eine tickende Zeitbombe, die unsere Riffe und unser Leben zerstören könnte. Wir können nichts tun. Nur beten und hoffen, dass nichts passiert.“

Bei einem Spaziergang vor Ort entdeckte Andrzej Rybak, Jahrgang 1958, Reporter in Hamburg, sechs alte US-Granaten. „Die Salomonen sind ein Tropenparadies, aber man muss aufpassen, wohin man tritt.“ Jonas Kakó, geboren 1992, Fotograf in Hannover, gewann 2023 einen World Press Photo Award.

Arbeiter des Meeres

Fundstücke aus Kunst und Literatur

Gern vergessen wir, wie hart die Berufe auf See waren und sind, vor allem die Fischerei ist ein kräftezehrendes Unterfangen. Wer Albert Gustaf Aristides Edelfelts (1854–1905) Fischermädchen einmal genau betrachtet hat, wird sich dessen gewahr. Ein ganzes Schicksal hat der finnlandschwedische Maler in diesen Gesichtsausdruck eingeschrieben. Auch Heinrich Heine (1797–1856) beobachtete die Fischer genau. Er reiste vor 200 Jahren zum ersten Mal nach Norderney, 1825 und 1826 verbrachte er die Sommer auf der Insel, was ihn nach eigenen Worten zum „Hofdichter der Nordsee" werden ließ. In wenigen Zeilen stellte er schonungslos dar, wie schwer das Leben der Seeleute seiner Zeit war. Der westfälische Lyriker Hendrik Rost (geboren 1969) wiederum wirft in seinem Gedicht „Berenice" einen anderen, einen aktuellen Blick auf den Berufsfischer, dessen Leben in scharfem Kontrast zu jenem des Touristen steht, der das Meer als Freizeitfläche benutzt. *zdb*

Heinrich Heine

Aus: Die Nordsee, 1826

Die Eingeborenen sind meistens blutarm und leben vom Fischfang, der erst im nächsten Monat, im Oktober, bei stürmischem Wetter, seinen Anfang nimmt. Viele dieser Insulaner dienen auch als Matrosen auf fremden Kauffahrteischiffen und bleiben jahrelang vom Hause entfernt, ohne ihren Angehörigen irgendeine Nachricht von sich zukommen zu lassen. Nicht selten finden sie den Tod auf dem Wasser. Ich habe einige arme Weiber auf der Insel gefunden, deren ganze männliche Familie solcherweise umgekommen; was sich leicht ereignet, da der Vater mit seinen Söhnen gewöhnlich auf demselben Schiffe zur See fährt.

Hendrik Rost

Berenice

Den Booten geben sie Namen
unartiger Töchter, die an der Leine zerren,
um mit dem Wind zu tanzen

Der Sturm kommt, glaubt man,
was der Tag gestern versprochen hat,
die Sicht war so klar, sie verlor sich irgendwo

wie ein Interesse, das nie gestillt wurde,
ein Fischer schöpft Wasser aus der Bilge
des offenen Rumpfs, um auch nicht

einen Tag an Land zu verbringen,
wo Urlauber warten, was aus ihm wird.

Albert Edelfelt

„Auf dem Meer“, 1883, Öl auf Leinwand,
165 mal 152 Zentimeter, Gothenburg Museum of Art, Schweden

Die Top Ten der seerechtlichen Irrtümer

Text: Nele Matz-Lück Fotos: Holger Nimtz

Irrtum No. 1: Die Hohe See ist ein rechtsfreier Raum

DIE HOHE SEE IST EIN STAATSFREIER, ABER KEIN RECHTSFREIER RAUM. Kein Staat übt Souveränität über die Hohe See aus (Artikel 89 Seerechtsübereinkommen, SRÜ), aber alle Staaten haben bestimmte, rechtlich geregelte Freiheiten der Nutzung dieses Raums und auch Pflichten. Sie müssen beispielsweise die Meeresumwelt der Hohen See schützen und die Fischerei auf ein nachhaltiges Maß beschränken. Die Hochseeschifffahrt unterliegt weiteren Regeln, etwa zur Hilfeleistung bei Seenotfällen. Allerdings funktioniert das zwischenstaatliche Recht, das auf die Hohe See Anwendung findet, anders als nationales Recht. Es gibt im Völkerrecht keine zentrale Rechtsetzungsinstanz, keine verbindliche umfassende Exekutive und kaum Sanktionen für Verstöße. Die Staaten geben sich die Regeln selbst. Es gelten außerdem nur die Verträge, denen ein Staat zugestimmt hat. Längst nicht alle Verträge zum Umweltschutz auf Hoher See oder zum Fischfang genießen breite Zustimmung. Die Durchsetzung von Regeln auf Hoher See obliegt überwiegend den Flaggenstaaten. Wenn diese ihren Pflichten nicht nachkommen, gibt es kaum Möglichkeiten, Rechtsbrüche einzelner Schiffe zu ahnden. Verfahren vor internationalen Gerichten zur Verfolgung von Verstößen gegen seerechtliche Pflichten auf Hoher See sind selten. Die Hohe See ist daher ein fragmentiert geregelter Raum, der an einem Durchsetzungsdefizit leidet. Der Tiefseeboden darunter ist stärker reguliert, soweit die Erforschung und der Abbau mineralischer Rohstoffe erfasst sind.

Irrtum No. 2: Alle Überfälle auf Schiffe sind Akte der Piraterie

Das Seerechtsübereinkommen definiert nur solche Überfälle auf Schiffe als Piraterie, die von einem anderen Schiff aus durchgeführt werden und der Erzielung eines privaten Zweckes dienen (Artikel 101 SRÜ). In der Regel ist Letzterer ein Vermögensgewinn durch Aneignung des Schiffes, das Wertgegenstände an Bord hat, oder durch die Erpressung von Lösegeld. Außerdem muss der Angriff auf Hoher See stattfinden, um als Piraterie zu gelten. Viele Überfälle geschehen hingegen in den Küstenmeeren von Staaten. Sie sind keine Piraterie im Sinne des Übereinkommens, aber natürlich trotzdem verboten. Das gilt auch für terroristische Angriffe auf Schiffe, egal, wo sie stattfinden. Die Ahndung von Straftaten in Gebieten unter staatlicher Hoheitsgewalt folgt anderen Regeln als die Bekämpfung der Piraterie auf Hoher See. Zuständig für die Verfolgung nach ihrem nationalen Strafrecht sind hier die Küstenstaaten. Piraterie auf Hoher See kann hingegen von jedem staatlichen Schiff bekämpft werden, egal, unter welcher Flagge es fährt, und unabhängig davon, welcher Nationalität das betroffene Schiff, die Crew oder die Piraten sind.

Walfang ist illegal, wer ein Schiff überfällt, ist ein Pirat, und die Hohe See ist ein rechtsfreier Raum: In die öffentliche Berichterstattung über den Ozean hat sich eine Reihe von rechtlichen Missverständnissen eingeschlichen. Eine Seerechtsexpertin klärt auf

Irrtum No. 3: Der Internationale Seegerichtshof ist für die Verurteilung von Piraten zuständig

Einige Prozesse gegen somalische Staatsangehörige, die der Piraterie in den Gewässern vor dem Horn von Afrika beschuldigt wurden, fanden in Hamburg statt und endeten mit Freiheitsstrafen wegen erpresserischen Menschenraubs und eines bewaffneten Angriffs gegen den Seeverkehr. Sie wurden vor einer Strafkammer des Landgerichts geführt, also vor einem deutschen Gericht und nach deutschem Strafrecht. Der Internationale Seegerichtshof, der seinen Sitz ebenfalls in Hamburg hat, hatte mit diesen Prozessen nichts zu tun. Es handelt sich dabei nicht um ein Gericht mit Strafgewalt über Einzelpersonen, selbst wenn diese Taten begangen haben, die das Seerechtsübereinkommen als Piraterie definiert. Es handelt sich um einen internationalen Gerichtshof, der fast ausnahmslos in zwischenstaatlichen Streitigkeiten tätig wird. Lediglich Vertragsstaaten zum Seerechtsübereinkommen können sich an den Gerichtshof wenden, wenn sie eine Streitigkeit über die Auslegung und Anwendung des Abkommens beilegen wollen (Artikel 286 SRÜ), zum Beispiel bezüglich der Festlegung einer Seegrenze, der Freigabe eines Schiffes unter der Flagge des klagenden Staates oder Umwelt- und Fischereibestimmungen.

Irrtum No. 4: Die Ausschließliche Wirtschaftszone eines Staates kann erweitert werden

Das Seerechtsübereinkommen gewährt den Küstenstaaten das Recht, eine bis zu 200 Seemeilen (370 Kilometer) breite Ausschließliche Wirtschaftszone einzurichten. Deren Breite wird, wie die aller anderen Meereszonen auch, von den Basislinien an der Küste eines Staates ausgehend gemessen und darf über die 200 Seemeilen (sm) nicht hinausgehen (Artikel 57 SRÜ). Die Ausschließliche Wirtschaftszone gehört zwar nicht zum Territorium des Staates, begründet aber ausschließliche wirtschaftliche Nutzungsrechte. Das ist vor allem für die Fischerei, aber auch für die Gewinnung erneuerbarer Energien von besonderem Interesse. In vielen Regionen kann die volle Breite der Zone nicht ausgeschöpft werden, weil Staaten sich mit gegenüberliegenden Nachbarstaaten auf eine Abgrenzung unterhalb der 200 sm einigen müssen. Die Ostsee ist dafür ein besonders gutes Beispiel. Ausdehnen können Staaten die Ausschließliche Wirtschaftszone nicht, selbst wenn es keine gegenüberliegenden Nachbarn gibt. Etwas anderes gilt hingegen für den Festlandsockel (auch Kontinentalschelf genannt). Dabei handelt es sich um den Meeresboden und den Meeresuntergrund unter der Wassersäule der Ausschließlichen Wirtschaftszone. Dessen äußere Begrenzung kann weiter als 200 sm von den Basislinien entfernt liegen, mit der Folge, dass die Gewässer über dem Sockel bis zu 200 sm zur Ausschließlichen Wirtschaftszone, die über dem sich anschließenden Schelf bis zu dessen Außengrenze aber zur Hohen See gehören.

Irrtum No. 5: Die Erweiterung des Festlandsockels entspricht einer unzulässigen Landnahme

Für den Festlandsockel gelten andere Regeln als für die Ausschließliche Wirtschaftszone. Zwar garantiert das Seerechtsübereinkommen die Nutzungsrechte am Meeresboden unter der Ausschließlichen Wirtschaftszone bis zu 200 sm (Artikel 76 Absatz 1 SRÜ), selbst wenn der Festlandsockel im geologischen Sinne gar nicht so weit reichen sollte. Insoweit laufen die Rechte an der wirtschaftlichen Nutzung des Bodens und der Wassersäule parallel. Kann ein Staat aber durch wissenschaftliche Erkenntnisse nachweisen, dass sich der Festlandsockel von der eigenen Küste aus noch weiter in das Meer erstreckt, kann er die alleinigen Nutzungsrechte daran auch über 200 sm hinaus beanspruchen. Dass er damit anderen Staaten unzulässigerweise etwas wegnimmt oder das Gebiet des Tiefseebodens „verkleinert", trifft nicht zu. Die Staatengemeinschaft hat sich 1982 für den Festlandsockel auf eine Festlegung geeinigt, die die tatsächlichen Gegebenheiten und Unterschiede zwischen Staaten im Hinblick auf den Meeresboden stärker berücksichtigt. Der Tiefseeboden beginnt erst da, wo die Festlandsockel enden. Gelingt es einem Staat, die Festlandsockelkommission von der eigenen Grenzziehung durch wissenschaftliche Erkenntnisse zu überzeugen, dann definiert die Empfehlung der Kommission im Einzelfall das, was das Seerechtsübereinkommen abstrakt bereits so vorsieht. Dies entspricht dem politischen Willen des Großteils der internationalen Staatengemeinschaft, einschließlich einer Vielzahl von Binnenstaaten. Dass viele Küstenstaaten erst lange, nachdem sie Partei zum Seerechtsübereinkommen geworden sind, ihre Pläne zur Begrenzung des äußeren Rands des Festlandsockels vorlegen, liegt unter anderem daran, dass die aufwendigen wissenschaftlichen Vorarbeiten mehrere Jahre in Anspruch nehmen können und für viele Staaten des globalen Südens nur mit technischer Unterstützung überhaupt möglich sind.

Irrtum No. 6: 350 Seemeilen sind das Maximum der äußeren Begrenzung des Festlandsockels

Das Seerechtsübereinkommen trifft Regelungen zur Bestimmung der Außengrenze des Festlandsockels, wo diese jenseits der garantierten 200 sm liegt. Alternative Bestimmungsmethoden, von denen die Staaten auch abschnittweise jeweils die für sie günstigere wählen dürfen, führen dazu, dass der äußere Rand mehrere Hundert Kilometer von der Küste entfernt liegen kann. Häufig wird als absolute Grenze der staatlichen Nutzungsrechte am Festlandsockel eine Linie bei 350 sm genannt. Diese Zahl steht auch im Seerechtsübereinkommen in Artikel 76 Absatz 5. Es gibt aber selbst für diese Begrenzung eine alternative Methode. Nach dieser darf die Grenzziehung im Einzelfall noch weiter entfernt liegen, es sei denn, es handelt sich um einen unterseeischen Bergrücken. Dann bleibt es rechtlich bei der Maximalgrenze von 350 sm. Hier zeigt sich, dass die Inhalte völkerrechtlicher Verträge dem politischen Kompromiss und nicht immer den Anforderungen an Klarheit und Plausibilität folgen.

Irrtum No. 7: Alle Regeln, die Schiffe betreffen, fallen unter das internationale Seerecht

Das internationale Seerecht befasst sich mit der Freiheit der Schifffahrt, Durchfahrtsrechten, der Immunität von Kriegsschiffen, Piraterie, Sicherheit, Umweltverschmutzung durch Schiffe, den Umgang mit Schiffswracks und vielen weiteren Fragen, bei denen Schiffe eine entscheidende Rolle spielen. Allerdings stehen hierbei immer die Rechte und Pflichten der Staaten im Vordergrund. Völkerrecht ist zwischenstaatliches Recht. Was müssen oder dürfen Flaggenstaaten gegenüber Schiffen unter ihrer Flagge anordnen? Auf welche Rechte können sie sich berufen, wenn ein Küstenstaat ein Schiff festhält? Welche Vorgaben dürfen Küsten- und Hafenstaaten machen, wenn Schiffe unter fremder Flagge in die Küstengewässer oder einen Hafen einlaufen? Dies sind Beispiele für seevölkerrechtliche Fragen. Das internationale Seerecht gibt gleichsam den öffentlich-rechtlichen Rahmen vor, in dem sich die Schifffahrt abspielt. Fragen der Fracht, des Transports im Einzelnen, der Versicherung, der Haftung und der Verträge zwischen Reederei, Charterer und weiteren Personen sind Fragen des Seehandelsrechts. Dieses gehört zum Privatrecht – in Deutschland sind diese und weitere Regelungen Teil des Handelsgesetzbuchs – und ist daher nationales Recht, kein Völkerrecht. Dass die Standards zur Vereinfachung des internationalen Waren- und Personenverkehrs durch internationale Verträge harmonisiert werden und im englischen Sprachgebrauch „maritime law“ gern für beide Bereiche verwendet wird, ist verwirrend und führt leicht zu Missverständnissen.

Irrtum No. 8: Schiffe sind schwimmendes Territorium des Flaggenstaates

Die Flagge eines Schiffes ist entscheidend für seine Zugehörigkeit zu einem Staat und das für dieses Schiff geltende nationale Recht. Auf Hoher See übt allein der Flaggenstaat die Hoheit über ein Schiff aus (Artikel 92 SRÜ) und darf gesetzliche Regelungen vorgeben und durchsetzen. Daraus folgt aber nicht, dass das Schiff gleichsam ein Stück schwimmendes Territorium des Flaggenstaates wäre. Begibt sich ein Schiff in das Küstenmeer oder die inneren Gewässer eines Staates – dazu zählen auch die Häfen –, unterwirft es sich der Herrschaftsgewalt des Küstenstaates grundsätzlich genauso wie eine natürliche Person, die die Grenze eines Staates übertritt. Das Schiff als Organisationseinheit wird davon zwar nicht betroffen, das heißt, es gilt etwa weiterhin das Arbeitsrecht des Flaggenstaates für die Seeleute an Bord. Gesetzliche Anforderungen an den Umweltschutz, das Waffenrecht, die Legalität von Rauschmitteln und weitere strafrechtliche Regelungen sind aber durchaus anwendbar. Behörden können fremde Schiffe im Hafen inspizieren und auf konkrete Verstöße gegen nationale Vorschriften kontrollieren. Daher können Polizeikräfte auch einen Haftbefehl gegen einen Passagier vollstrecken, der das Schiff in einem Hafen des Staates, der ihn sucht, nicht verlässt und sich in Sicherheit wähnt.

Irrtum No. 9: Internationales Recht verbietet die Meeresverschmutzung

Alle Staaten müssen die Meeresumwelt schützen. Das steht nicht nur im Seerechtsübereinkommen in Artikel 192, sondern gehört auch zum ungeschriebenen Gewohnheitsrecht, das alle Staaten verpflichtet, selbst wenn sie nicht Partei zum Seerechtsübereinkommen sind. Dieses Gebot ist aber wenig konkret und verbietet auch nicht jegliche Verschmutzung, vielmehr muss eine Schwelle der Erheblichkeit überschritten sein. Es wird ergänzt und konkretisiert durch weitere Vorschriften und Verträge, aber auch diese verbieten nicht unbedingt kategorisch die Tätigkeiten, die zur Verschmutzung des Meeres führen, sondern setzen sich nur zum Ziel, Verschmutzung zu vermeiden oder jedenfalls zu verringern. Jegliche Nutzung der Meere und auch das menschliche Leben an Land führt zur Meeresverschmutzung: die Schifffahrt, selbst wenn es keine Tankerunfälle, Havarien und keine Verklappung von Abfällen gäbe, der Betrieb von Bohrinseln, die Fischerei, die Industrie mit ihren Emissionen an Land, die Abwässer der Städte und die Düngung landwirtschaftlicher Flächen in Küstennähe, die Einträge in Flüsse etc. Es gibt nur wenige Quellen der Verschmutzung der Meere, die absolut verboten sind. Dazu gehört das gewohnheitsrechtliche Verbot der Entsorgung von Atommüll im Meer. Doch bereits bei der Einleitung von stark verdünntem, aber noch radioaktivem Kühlwasser aus dem zerstörten Reaktor in Fukushima in das Meer ist umstritten, ob diese gegen internationales Recht verstößt oder zulässig ist.

Irrtum No. 10: Walfang ist illegal

Das Internationale Übereinkommen zur Regelung des Walfangs stammt aus dem Jahr 1946 und hatte das Ziel, den Walfang zu begrenzen, um das Überleben der Walfangindustrie zu gewährleisten. Von diesem Ausgangspunkt aus hat es sich über die Jahrzehnte immer stärker zu einem „Walschutzabkommen“ entwickelt. Es sind heute ohnehin nur noch sehr wenige Staaten, die kommerziellen Walfang betreiben. Japan und Norwegen gehören dazu. Unter dem Dach das Abkommens haben die Vertragsstaaten ein Moratorium für den kommerziellen Walfang beschlossen und bis heute verlängert. Auch haben sie Schutzgebiete eingerichtet. Verboten ist der Walfang dennoch nicht. Zum einen sind Staaten, die entweder nicht Partei zum Übereinkommen sind, wie Japan nach seinem Austritt, oder wie Island und Norwegen, die dem Moratorium widersprochen haben, rechtlich nicht zur Beendigung des kommerziellen Walfangs verpflichtet. Zum anderen gibt es auch im Übereinkommen Ausnahmen von einem absoluten Walfangverbot. Sowohl der Fang einzelner Wale durch indigene Gemeinschaften als auch der Fang zu wissenschaftlichen Forschungszwecken sind gestattet. Während über den indigenen Walfang und entsprechende Quoten von der Kommission des Übereinkommens entschieden wird, ist derjenige im Namen der Wissenschaft unreguliert und unterliegt nur nationalen Bestimmungen. Diese Regelung machte sich Japan lange Zeit zunutze, bevor der Internationale Gerichtshof im Jahr 2014 feststellte, dass die japanischen Programme nicht die Anforderungen an Wissenschaftlichkeit erfüllten und daher zum verbotenen kommerziellen Walfang zu rechnen seien. Japan stoppte daraufhin das Programm, trat im Jahr 2019 aus dem Übereinkommen aus und nahm – legal – den kommerziellen Walfang wieder auf.

Nele Matz-Lück, Jahrgang 1973, liebt am Meer vor allem den ständigen Wandel, die Farben und die Weite und hat das Glück, die Liebe zum Ozean als Professorin für Seerecht zum Beruf gemacht zu haben.
Der Fotograf Holger Nimtz, Jahrgang 1972, lebt und arbeitet in Lychen in der Uckermark. In seinen Arbeiten fokussiert er leidenschaftlich gern auf das Meer. Er mag es, die abstrakten Seiten der Natur aufzuspüren sowie Formen und Farben harmonisch zu kombinieren, wie etwa bei dem Titelbild zu mare No. 161.

Zeitlose Eleganz auf Sylt

Die Partnerschaft von Fritz Krause und Patek Philippe

Von einem Handschlag zur Eröffnung einer exklusiven Patek Philippe-Boutique, geführt von einer Familie mit einer Leidenschaft für Tradition, Innovation und ihrer Liebe zur Insel Sylt.

Die erfolgreiche Familiengeschichte der Juwelier-Meisterwerkstatt Fritz Krause auf Sylt begann mit Georg Krause – aus heutiger Sicht „dem Großvater". Schon früh entschied er sich für eine Uhrmacherlehre in Pommern. Nach seinem Abschluss im Jahr 1912 trat er eine Stelle bei einem renommierten Juwelier- und Uhrengeschäft im modischen Unter-den-Linden-Viertel in Berlin an, das der Familie der Mutter von Marlene Dietrich gehörte. 1920 eröffnete er seine erste Uhrmachermeister-Werkstatt in Steeger, einer kleinen Ortschaft in der Danziger Bucht.

Während des Zweiten Weltkriegs musste Georg sein Geschäft aufgeben, und die Familie floh nach Sylt, wo er ein neues Geschäft eröffnete. Sein Sohn Fritz, dem das Uhrmacherhandwerk förmlich in die Wiege gelegt wurde, verfeinerte sein Know-how nach abgeschlossener Lehre im elterlichen Betrieb bei renommierten Uhrmachern in Hamburg und Berlin. Nach der Meisterprüfung im Jahr 1961 übte er dort sein Handwerk noch ein paar Jahre lang aus, bevor er nach Sylt zurückkehrte und 1971 das heutige Geschäft in der Friedrichstraße 32 eröffnete. Fritz Krauses großer Traum war es, Patek Philippe in seinem Sortiment zu führen, aber es fehlte das Budget. 1978 sprach er auf der Uhrenmesse in Basel mit Henri Stern, dem Präsidenten von Patek Philippe, über seinen Wunsch, die Marke auf Sylt zu präsentieren – und seine finanzielle Situation. Henri Stern meinte, dass sie eine Lösung finden würden – und die Zusammenarbeit wurde mit einem Handschlag besiegelt.

Aus diesem Handschlag, diesem Versprechen, ging nicht nur eine heute über 45-jährige Partnerschaft hervor, sondern seit Ende letzten Jahres sogar eine eigene Patek Philippe-Boutique auf Sylt – geführt vom erfahrenen Fritz Krause-Team. Hier stieg nach der Ausbildung zur Goldschmiedin mit eigener Kollektion vor rund 25 Jahren die Tochter Anna-Cathrin Krause in die Geschäftsleitung ein, und gemeinsam mit ihrem Lebenspartner, Dirk Eitel, leben sie den unternehmerischen Geist ihres Vaters weiter.

In einem Reetdachhaus in Keitum, mit Blick auf das Wattenmeer, ist ein Refugium entstanden, das den Werten und Traditionen beider Unternehmen alle Ehre macht. Eine entspannte Lounge-Atmosphäre mit feinsten Materialien, wie Palisander, Vogelaugenahorn sowie eine Tapete aus gepressten Gräsern und Blüten, die den Duft von Heidekraut und Kornblumen verströmt, laden zum Verweilen ein.

Wie schön, dass die gemeinsame Reise nun ein neues Kapitel aufgeschlagen hat.

Patek Philippe Boutique
at Fritz Krause
Am Tipkenhoog 8
25980 Keitum/Sylt
www.fritzkrause.de

PATEK PHILIPPE
GENEVE

Die letzte Grenze

Was in Nordamerika einst als mythisch verklärte „final frontier" beschrieben worden ist, finden wir heute tief unten im Meer: eine Zivilisationsgrenze, die wir nur allzu gern überschreiten

Von Alexander Kohlmann

Was treibt Menschen an, die Zivilisation hinter sich zu lassen und an Orte vorzudringen, an denen nicht nur bisher kaum ein Mensch war, sondern an denen es auch keine Rettung gibt, wenn ein Unglück passiert? Als im Sommer 2023 das Tauchboot „Titan" von einer Sekunde auf die andere verschwand, war die weltweite Bestürzung groß. Nicht nur, dass es wie eine böse Ironie der Geschichte erschien, dass rund 100 Jahre nach dem Untergang der „Titanic" in unmittelbarer Nähe von deren Wrack Menschen vermisst wurden; es beschäftigte auch weit entfernt lebende Zuschauer dieses Schiffbruchs die kollektive Hilflosigkeit. Die zweite Katastrophe an derselben Stelle wie 1912 der Untergang des Transatlantikliners zeigte, dass sich zwar die Welt oberhalb des Meeresspiegels verändert hatte, aber unterhalb noch immer eine Art Gegenwelt existiert, auf die der Mensch praktisch keinen Zugriff hat.

Denn die Tiefsee ist nicht nur der letzte nahezu unerforschte Bereich dieses Planeten, sondern der mit Abstand am schwierigsten zugängliche. Sie bleibt für fast alle Menschen unerreichbar, aufgrund ihrer absolut feindlichen Lebensbedingungen zuvorderst, aber auch aufgrund eines fehlenden Profitversprechens, das eine Infrastruktur verhindert hat, die eine massenhafte Besiedelung oder auch nur Bereisung dieser Welt möglich gemacht hätte. Das hat auch etwas mit den enormen Kosten zu tun, die für ein Tiefseeabenteuer aufgerufen werden müssen und den freien Markt als eine der wichtigsten Triebfedern für die Entdeckung von Neuland an diesem Ort versagen lassen. Die unsichtbaren Netze der Warenströme, die mittlerweile fast den gesamten Planeten umfassen, sie lassen diesen Lebensraum im Dunkeln aus. Er bleibt weitgehend ungesehen, was nicht weniger als ein kleines Wunder darstellt in der Welt dieses Jahrtausends.

In jener Welt der audiovisuellen Medien, die man früher unter dem Begriff Kino zusammenfasste, gibt es ein Genre, das von der Faszination unentdeckter Welten und der Sehnsucht davon erzählt, Neuland zu entdecken, das schon in der frühesten Phase des Kinos, praktisch mit Beginn jener Epoche, entstand, als sich Bilder plötzlich zu bewegen begannen: der Western. Er erzählte von Beginn an nicht nur von einer damals gar nicht so weit zurückliegenden historischen Epoche. Im Erfolg der Reinszenierung der Besiedelung des amerikanischen Westens durch weiße Eroberer drückt sich vielmehr ein geradezu mythisches Urbedürfnis der menschlichen Psyche aus: die Besiedelung von Neuland und die Grenzüberschreitung.

Folgt man der Genretheorie der Filmwissenschaft, verhält es sich mit jedem Genre so. Während im Melodram unerfüllbare Sehnsüchte stellvertretend auf der Leinwand verhandelt werden, versucht der Kommissar im Detektivfilm die bedrohte Ordnung der Welt wiederherzustellen. Unseren kollektiven Ängsten stellen wir uns im Horrorfilm im sicheren Raum des Kinosaals, während die Zuschauer der Komödie gemeinsam mit den Protagonisten auf der Leinwand gerade noch einmal davonkommen, angesichts der Fallstricke und drohenden Tragödien des Lebens. Jedes filmische Genre appelliert an eine psychische Disposition des Zivilisationsmenschen, und der Western verhandelte von Beginn an die antizivilisatorische, nämlich den Wunsch, auszubrechen aus einem durchorganisierten und technologisierten Alltag, den Wunsch, eben jenen Sicherheit bietenden Lebensraum hinter sich zu lassen, den die westliche Zivilisation in den vergangenen Jahrhunderten mühsam errichtet hatte.

Dass der Western auf der Leinwand dabei mitunter wenig mit der historischen Neubesiedelung des amerikanischen Westens durch Weiße zu tun hatte, spielte für den Erfolg des Genres eine untergeordnete Rolle. Gerade weil die Verbrechen an der indigenen Bevölkerung meist ausgeblendet wurden, konnten sich die Besucher des dunklen Kinoraums umso ungestörter ihrer Sehnsucht hingeben, die eigene *final frontier* endlich in Richtung Neuland zu verschieben. Es war die mythologische Auseinandersetzung mit einer endgültigen Zivilisationsgrenze, die es schon damals in den Vereinigten Staaten nicht mehr gab und die heute erst recht fast gänzlich von unserem Planeten verschwunden ist.

Wenn da nicht die Ozeane wären, die zu mehr als 70 Prozent den nur scheinbar durchkatalogisierten Planeten bedecken. Bereits die Oberfläche der Weltmeere stellt eine zivilisatorische Besonderheit dar, wie wir sie im 21. Jahrhundert lange nach der Zeit der sogenannten Entdecker kaum noch kennen. Der größte Teil des Meeres gehört keinem Staat an. Das heißt, all die Regeln, kulturellen Verabredungen und nicht zuletzt die für uns gewohnterweise geklärten Besitzverhältnisse gelten noch in Sichtweite der bekannten Küste nur bedingt. In den vergangenen Jahrzehnten sind zwar mit der Schaffung eines internationalen Seerechts und eines Internationalen Seegerichtshofs in Hamburg eigene Verabredungen und Institutionen geschaffen worden, um auch den Bereich jenseits der Küste in den Einzugsbereich unserer Zivilisation einzubinden. Dennoch kommen nicht nur auf See, sondern erst recht auf dem Grund der Tiefsee immer noch Regeln zum Einsatz, die für unsere heutige Zeit archaisch sind und aus einem anderen Jahrhundert zu stammen scheinen.

Da ist zum einen die Fixierung auf einen nahezu gottgleichen Kapitän und Anführer, der jedes Expeditionskorps, aber auch jede Freizeitverschiffung zum Beispiel in Form einer Kreuzfahrt mit nahezu uneingeschränkter Macht versehen anleitet. Anders als in unserer scheinbar so aufgeklärten Gesell-

Auch wenn der mythisch verklärte amerikanische Westen verschwunden ist, bleibt die urmenschliche Sehnsucht nach Neuland, nach Ausweitung der Einflusszone bestehen. In der Tiefsee finden Profis wie Amateure in den Händen oft windiger Geschäftemacher eben jene final frontier, *die ihnen die Oberfläche unseres Planeten kaum mehr bietet.*

schaft, wo viel von paritätischer Zusammenarbeit, von Work-Life-Balance und flachen Hierarchien die Rede ist, unterwerfen wir uns, sobald wir den Hafen der Zivilisation verlassen haben, dem Wort eines Kapitäns, der buchstäblich die Richtung vorgibt. Auf See ist die offene Missachtung seiner Weisungen nicht eine antiautoritäre Performance oder eine Auslotung eigenen Spielraums, sondern wird nach altem Seerecht Meuterei genannt. Die Strafen können empfindlich sein, auch deshalb, weil das Leben aller Beteiligten von den Entscheidungen des Kapitäns abhängt. Die See bietet, auch darin gleicht sie den Räumen jenseits der *final frontier*, niemals Sicherheit, so sehr uns das die Tourismusindustrie auch mit Beharrlichkeit vorzugaukeln vermag. Es bleibt gefährlich.

Der Grund der Tiefsee wiederum gleicht in seinen unwirtlichen Lebensbedingungen einem anderen Filmgenre, das in direkter Reaktion auf das allmähliche Verschwinden der realen Räume des Westerns aus dem kollektiven Gedächtnis entstand. Von „space, the final frontier" spricht der fiktive Captain Jean-Luc Picard zu Beginn jeder Episode eines der wohl berühmtesten Beispiele für das Genre. Auch Picard bereist wie einst die Helden im wilden Westen „unendliche Weiten" und dringt dabei an Orte vor, „die noch nie zuvor ein Mensch gesehen hat". Er trifft dabei auf Kulturen, die sich teilweise auf einem anderen technischen Entwicklungslevel befinden und deshalb, so heißt es in der Serie, in Ruhe gelassen werden sollen von den neuen Entdeckern. Und er bringt mit seiner zur Legende verklärten Crew die sogenannte Zivilisation noch in die fernsten Fernen eines eigentlich unermesslichen Weltenmeers.

Eine für die Zuschauer durchaus bekannte Aufstellung ist das. Nur dass angesichts der fast vollständigen Kartierung der Erdoberfläche das Szenario kurzerhand in den Weltraum verlegt worden ist. Die Genregesetzmäßigkeiten bereits frühester Science-Fiction-Filme sind jedoch dieselben geblieben. Wieder geht es um einen symbolischen Übertritt einer Grenze, die in „Star Trek" sogar genauso betitelt wird wie die *final frontier* im Western. Wieder begeben sich Menschen in einen unwirtlichen Lebensraum voller Gefahren, in dem die Regeln und Normen des relativ sicheren Alltags der Zusehenden keine Bedeutung mehr haben. Verschärft ist im Science-Fiction-Genre dagegen die Lebensfeindlichkeit der Landschaft an sich, die ohne aufwendige technische Innovation für Menschen überhaupt nicht mehr begehbar ist. Schon im Western kämpften die Helden nicht nur gegen imaginäre Angriffe indigener Völker, sondern auch gegen die gleißende Sonne, Wüstenlandschaften ohne Wasser und gegen Sandstürme. Die bizarren Felsen des Monument Valley als Überbleibsel eines riesigen, vorzivilisatorischen Meeres wurden im Kino zum visuellen Symbol für eine Welt außerhalb unseres Vorstellungsraums, lebensfeindlich und faszinierend zugleich als ein riesiger trockengefallener Meeresgrund, der im Western nicht von Schiffen, sondern von Abenteurern, Banditen und Glücksrittern befahren wird.

Unendliche Weiten, die in der Science-Fiction wie auf dem Meeresgrund nur mit Vehikeln befahrbar sind, die eine extreme Technologie voraussetzen, um überhaupt für den Menschen erreichbar zu werden, und dennoch die kollektive Fantasie seit vielen Jahrzehnten stimulieren – eine Fantasie, die mit der Wirklichkeit kaum übereinkommt. Denn weder sind die Träume einer Kolonisierung des Weltalls in einem ähnlichen Ausmaß wie einst die Besiedelung Nordamerikas durch Europäer nur annähernd Wirklichkeit geworden, noch ist die Besiedelung der Tiefsee in futuristischen Unterwasserstätten von mutigen Ingenieuren realisiert worden. Zu gewaltig erschienen letztlich die Hindernisse, zu sinnlos das Unterfangen angesichts der gewaltigen Ressourcen, die die Landmassen dieses Planeten dem *Homo sapiens* immer noch bieten. Geblieben ist jedoch eine Art kollektiver Sehnsucht, die wie im Fall der furchtbar gescheiterten „Titan"-Expedition immer wieder zu realen Opfern führt.

Auch wenn der mythisch verklärte amerikanische Westen verschwunden ist, bleibt der Wunsch nach Neuland, nach einer Ausweitung der Einflusszone bestehen. In der Tiefsee finden Profis und Amateure in den Händen von oft windigen Geschäftemachern eben jene *final frontier*, die ihnen die Oberfläche unseres Planeten kaum noch bietet. Die Sehnsucht ist also noch da, auch wenn der Planet zwei Jahrhunderte nach dem sogenannten Zeitalter der Entdecker kaum noch Möglichkeiten zu ihrer Befriedigung bietet. Die endgültige Grenze ist verschoben worden in die kollektive Fantasie oder an extreme Orte wie große Höhen oder eben den Grund des Ozeans, wo auch auf die Entdecker von heute reale Gefahren warten. Manchmal kommen sie darin um.

Alexander Kohlmann, geboren 1978, erarbeitete als Theaterdramaturg eine Adaption des Spielfilmklassikers „Spiel mir das Lied vom Tod" als Kreuzung von Science-Fiction und Western. Unendliche Weiten auf dem Meeresgrund hat er zuerst als Kind Mitte der 1980er-Jahre in der „Tagesschau" gesehen, als die ersten Fotos des „Titanic"-Wracks über den Bildschirm flimmerten.

Jahresabo

Das Jahresabo kostet im Jahr 67,50 € und ist nach einem Jahr jederzeit kündbar.
Sie dürfen sich aus allen bereits erschienenen Heften 3 gratis aussuchen, die Ihnen gleich zugeschickt werden.
Die Übersicht finden Sie auf Seite 130/131.
Den Bildband und/oder den Kalender können Sie einfach zum Sonderpreis mitabonnieren.

Der **mare**-Kalender

Die ganze vielfältige Schönheit des Meeres – in 12 magischen Bildern gebannt.
Format: 82 mal 58 Zentimeter.
Im Abonnement zahlen Sie für den Kalender nur 40 € statt 49 €.
Alle Monatsmotive finden Sie online unter www.mare.de/mare-shop/kalender.

Geschenkabo

Das Geschenkabo kostet 67,50 € im Jahr. Mit der in diesem Heft beiliegenden Geschenkabo-Karte können Sie mare-Hefte und den Bildband und/oder Kalender auch praktisch verschenken. Ein Dankeschön in Form eines mare-Handtuchs wählen Sie auch gleich auf der Karte.

Der **mare**-Bildband „Hongkong"

von Palani Mohan.
Mit einem Text von Jan Keith.
Format: 30 mal 26 Zentimeter, 132 Seiten.
Im Abonnement zahlen Sie für den Bildband nur 49 € statt 58 €.

Sylt

Der Versuch einer gründlichen Betrachtung

TEXTE:
MARTINA WIMMER
FRITZ J. RADDATZ

FOTOS:
HEIKE OLLERTZ
BRUCE GILDEN
DMITRIJ LELTSCHUK
STEFAN PIELOW

Abenddämmerung in der Dünenlandschaft bei Kampen

Was hat diese Insel nur, dass sie die Gemüter derart bewegt? Sechs Perspektiven in Wort und Bild auf ein Stück Deutschland in der Nordsee, das ebenso umstritten ist wie heiß geliebt

Heike Ollertz

geboren 1967 in Duisburg, lebt in Hamburg und fotografiert seit vielen Jahren für mare die Küsten der Welt. Amrum hat sie der berühmteren Schwesterinsel bisher immer vorgezogen. Aber die kleine Strandsauna in den Lister Dünen könnte sie schwach werden lassen.

List auf Sylt, die nördlichste Gemeinde Deutschlands

Weg zum Strand durch die Dünenberge am Ellenbogen

Oben **Heidelandschaft in Wenningstedt-Braderup** *Unten* **Die Wanderdünen bei List sind bis zu 30 Meter hoch**

Oben **Nordlichter im Hafen von Rantum** *Unten* **Weststrand am Abend**

Das Rote Kliff bei Kampen im Abendlicht

187
230
183

Wer hier fahren will, muss zahlen: die Privatstraße auf dem Lister Ellenbogen

K EO 1022
A L P I N E
K EX 9724

Buhnen im Watt bei Wenningstedt-Braderup

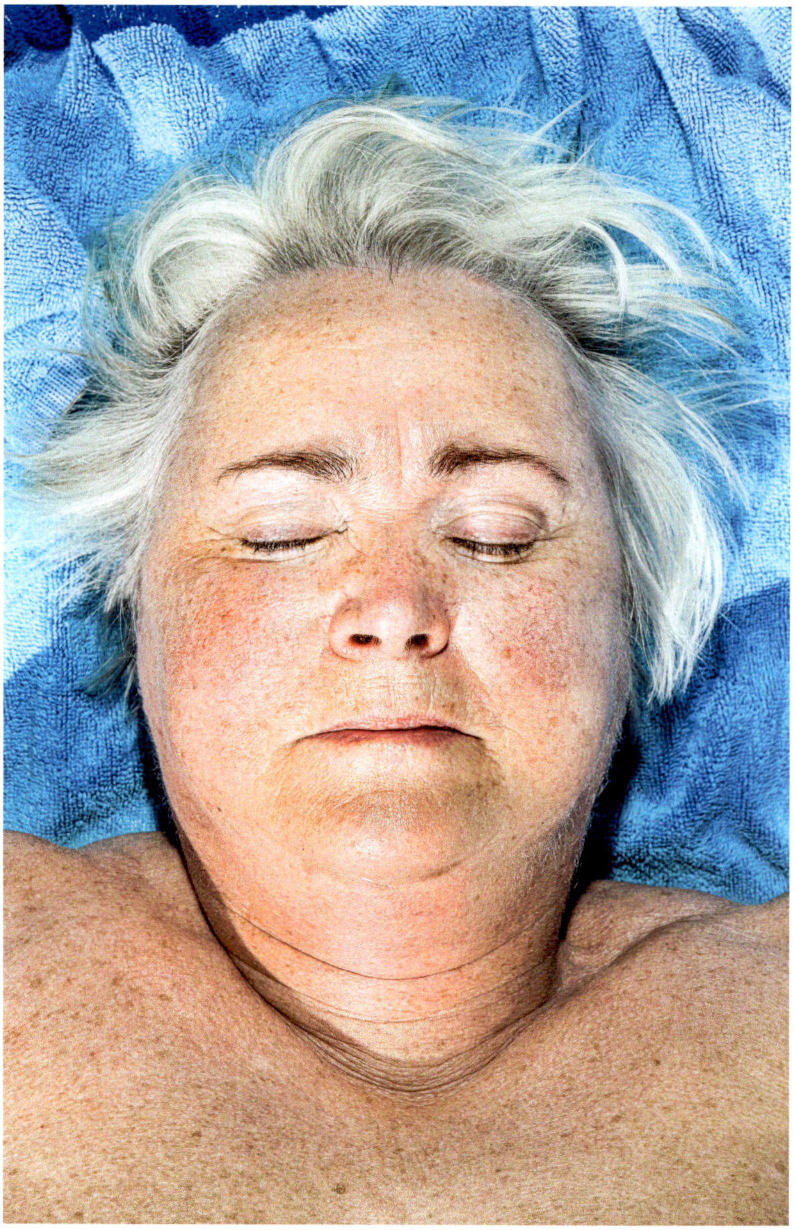

Bruce Gilden

geboren 1946 im New Yorker Stadtteil Brooklyn, ist Mitglied der Agentur Magnum. Gildens Art, Menschen zu fotografieren, ist einzigartig und stilbildend. Es war sein erster Besuch auf Sylt, am Strand von Westerland und auf dem Campingplatz von Wenningstedt ging er am liebsten auf Motivsuche.

Menschen am Strand von Westerland. In der Hochsaison wird die Meile am Meer zu einem Panoptikum der deutschen Gesellschaft

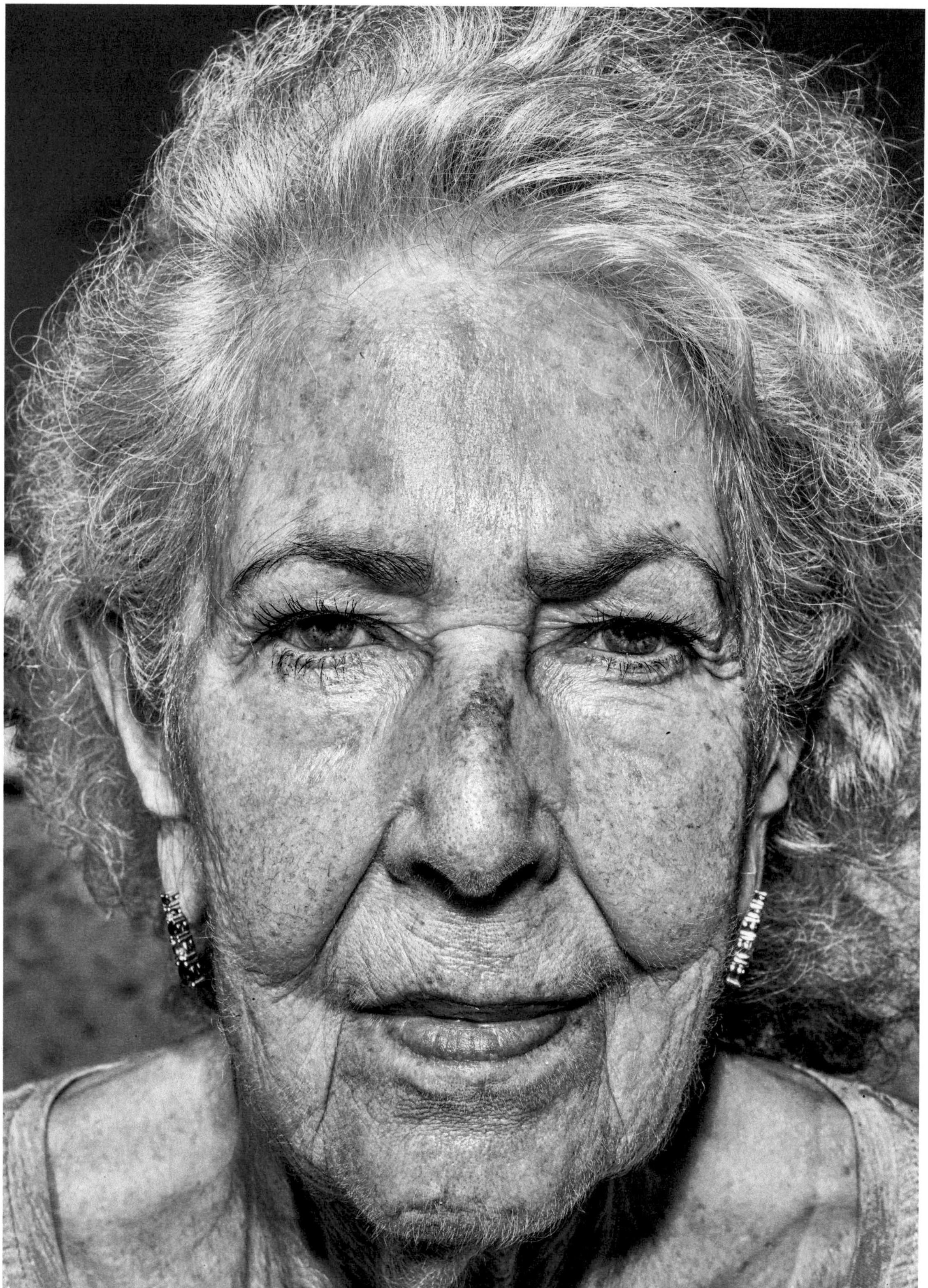

Wiederholungstäter. Viele Urlauber auf Sylt …

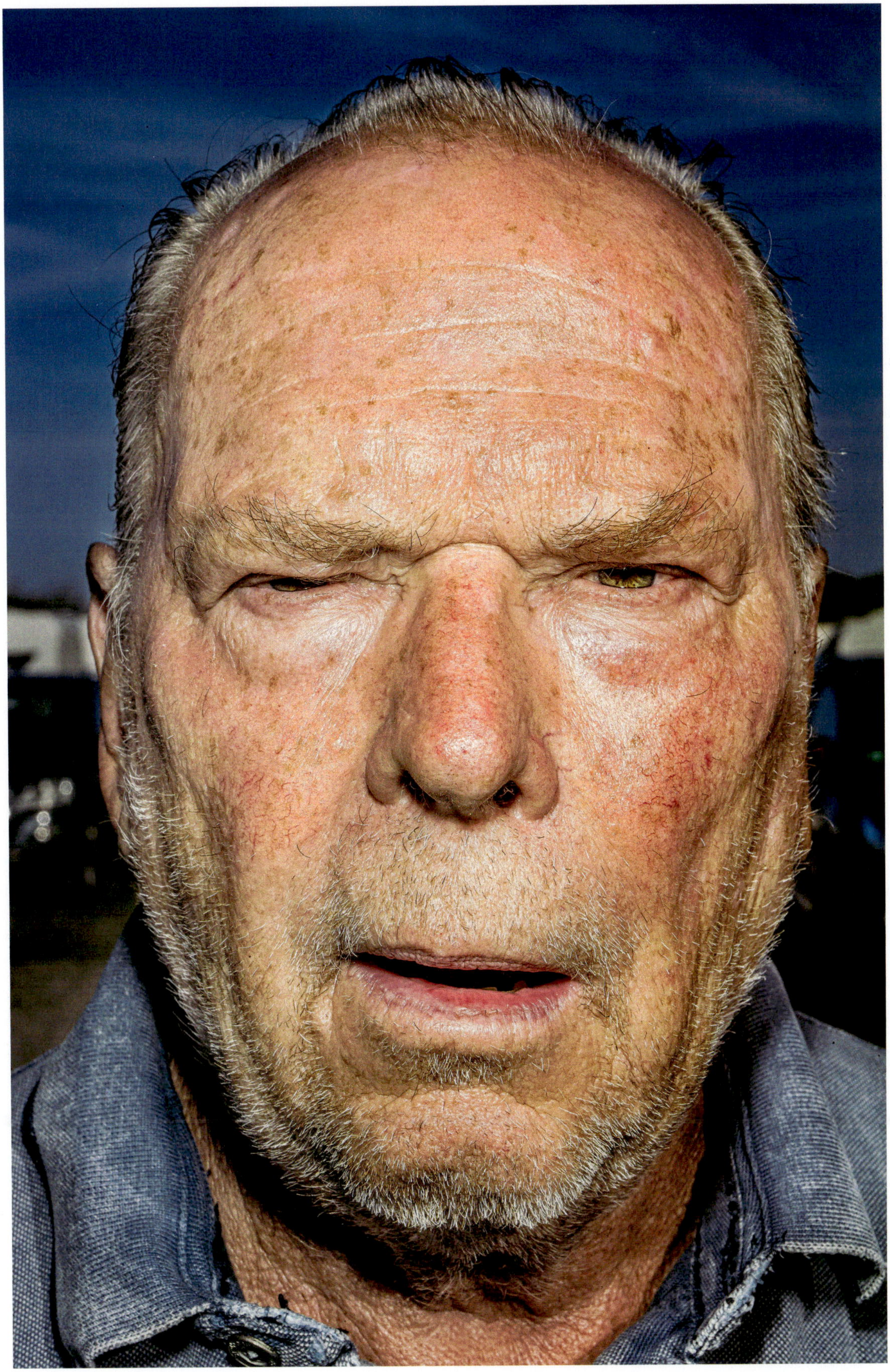

… reisen schon ihr ganzes Leben auf die Insel

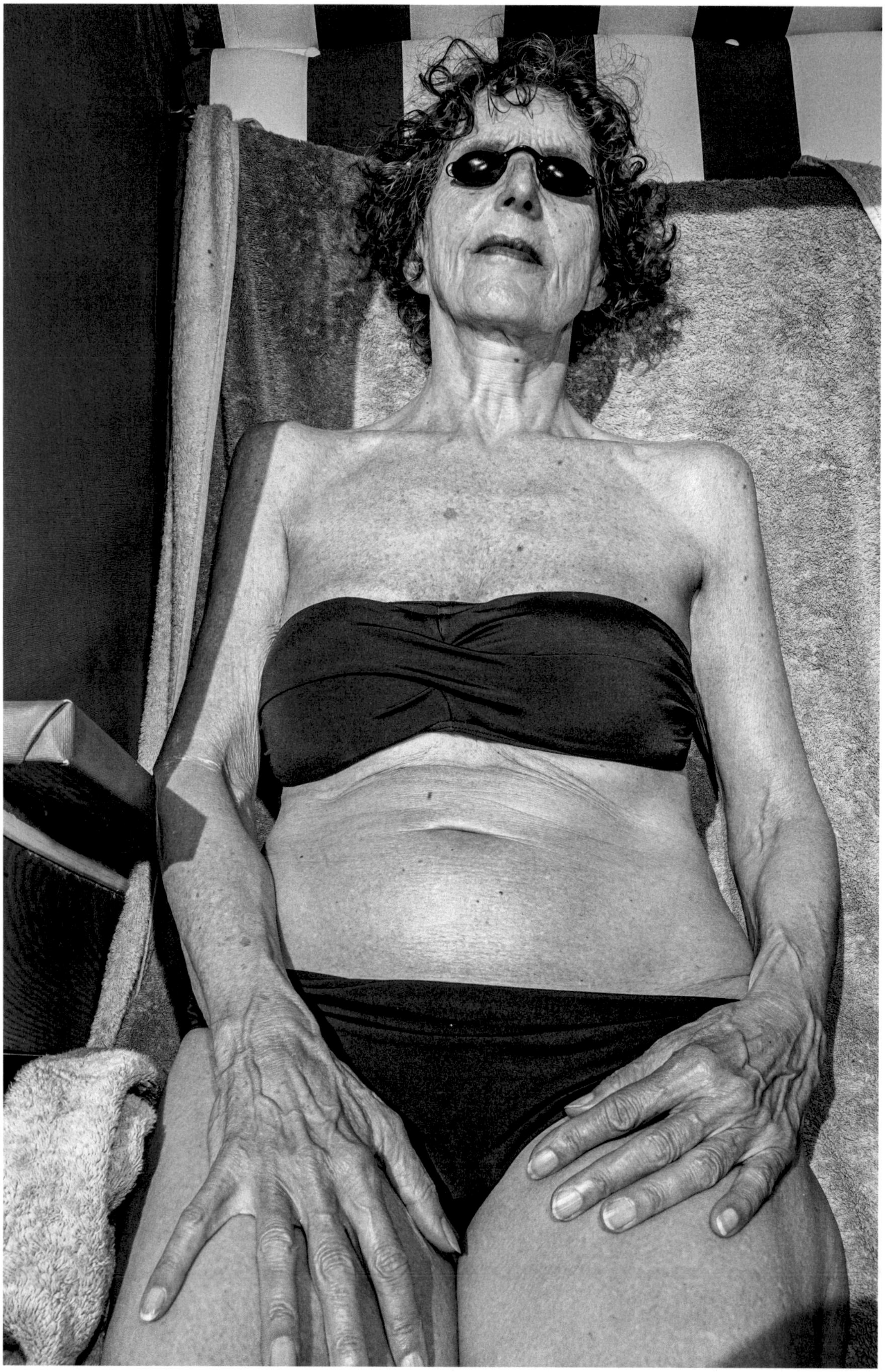

Sonnenhungrige und Proficamper. Auf Sylt pflegen die meisten Urlauber ihre Ruhe und alte Gewohnheiten

Martina Wimmer

ist mare-Redakteurin und hatte vor den Recherchereisen für diesen Text sehr rudimentäre Erinnerungen an Sylt. In den 1990ern begleitete sie als Musikjournalistin eine Band zu einem winterlichen Videodreh auf die Insel, hat davon aber nur im Kopf behalten, wie Eierpunsch schmeckt.

Die Form

ES DARF KEIN SONNIGER TAG SEIN, AN DEM MAN erahnen könnte, wie Sylt geworden ist, was es ist. Was es zuallererst ist. Eine Insel. Deren Umriss als Markenzeichen festhaftet auf den Autos deutscher Festlandbewohner, ein Aufkleber wie ein Ausrufezeichen, vielleicht die günstigste Art zu sagen: Ich war da. Es braucht einen Sturm, um ihre Geschichte zu erzählen, einen mächtigen, wie im Jahr 1362, als die Flut ein Stück Küste versenkte und drei vorgelagerte Inseln übrig ließ: Amrum, Föhr und Sylt. Das formale Marketing hätte damals noch nicht so gut funktioniert. Sylts Inselkörper war zunächst gedrungen, ein bisschen plump, es fehlte ihm das Filigrane, das heute bei Ausfahrten für reizvolle Ausblicke an den schmalsten Stellen sorgt. Ein paar spätere Unwetter erst haben die größeren Bögen in die Wattseite gefräst und drei Streifen stehen lassen, Nord-, Süd- und Ostteil der Insel, im Westen eine fast gerade Kante, nur Sand und Meer. Würde das stete Zerren der Nordsee an den Rändern nicht das ferne, aber sichere Ende des ganzen Syltzaubers bedeuten, man müsste dankbar sein für den Eigensinn der Naturgewalt, weil es wenig Ansichten gibt in der deutschen Landschaft, die so surreal wirken wie die Dünenberge im Listland oder auf dem Weg von Rantum nach Süden. Es könnte der Wüstenplanet sein, im Winter, oder eine Endzeitvision von Cormac McCarthy, aber das sind möglicherweise nicht die Fantasien der Menschen in den Autos mit den Aufklebern.

Der Inhalt

99,14 Quadratkilometer Fläche, 140 Kilometer Küste, davon 40 Kilometer Strand. Knapp 20 000 dauerhafte Bewohner und Bewohnerinnen, zuletzt wieder etwa 750 000 Gäste im Jahr, die im Schnitt sieben Tage bleiben. Die einen wollen nicht weg, die anderen immer wieder hin. Der kleinste gemeinsame Nenner aller Fraktionen ist ein reichlich überstrapazierter Begriff: Zu viele nennen Sylt einen „Sehnsuchtsort". Als wäre damit alles gesagt, über die liebste Insel der Deutschen (ein paar Schweizer und Dänen sind auch manchmal da). Als sei die Liebe eine Selbstverständlichkeit und für alle Liebenden gleich.

Die Übrigen, die von Differenzen und Abhängigkeiten, von Hoffnungen und Hochgefühlen, von Ängsten und Abscheulichkeiten auf Sylt nur in der Zeitung lesen, suchen eine andere Projektionsfläche. Es ist ihnen Abbild des Abgrunds, auf den alles zusteuert, wo sich Scheren ins Unermessliche öffnen, wo die Reichen und nicht wirklich schön Operierten Heidekraut und Normalverdiener mit Füßen treten, das ganze Elend so akribisch wie devot dokumentiert von der Hofberichterstattung der Boulevardmagazine.

Die Ankunft

Wer keinen Privatjet hat oder auch nur Linienflugscham, überquert mit der Bahn den Damm. Lebenslinie der Insel seit 1927, Reichspräsident Hindenburg hat sie seinerzeit eröffnet, sein Name ist an dem Bauwerk kleben geblieben. Eine zweifelhafte Ehre, wie manche heute finden. Die Deutsche Bahn kontert mit „2010", so ist das Bauwerk dort gelistet, nur Tunnel haben hierzulande offizielle Namen. Man könnte glauben, sich von der Welt zu entfernen, wenn man auf dem Damm mitten durchs Wattenmeer fährt. Erwartungsvoll gezückte Smartphones rechts und links, schon einmal tief Luft holen, fast hätte man vergessen, wo man ist, nämlich noch im Zug. Und dann landet man: in Westerland. Wo keine befreiende Brise weht, sondern hoch kondensierter deutscher Kleinstadtmief. Nachkriegsbetontristesse, verödende Fußgängerzone, ein trauriges Orchester aus Osteuropa spielt in der Strandmuschel Wunschkonzerte, den letzten Rest gibt man sich in der Schlagerbar. Größtes Verkaufsargument: Strand, Meer und kurze Wege zu allen Versorgungseinrichtungen, die dasselbe bieten wie daheim. Mit ein bisschen mehr Hering dazu. Der macht übrigens auch das Rennen in den vielen Deutungsversuchen der legendären vier Buchstaben. Sylt, das könnte sich von „Sild" ableiten, so heißt der Fisch auf dänisch und ist außerdem seit 1668 insulares Wappentier.

Die Gäste

Am Westerländer Strand liegen sie dicht an dicht und sonnen sich in Erinnerungen. Reisen in die Gewohnheit seit Generationen, Eltern, die als Kinder schon da waren, buddeln jetzt mit dem eigenen Nachwuchs im Sand. Der hart erarbeitete Jahresurlaub einer Klientel, die auf Sylt erst landete, als man in Westerland in den 1960er-Jahren Apartmentklötze in die Höhe zog. Könnte man heute anderswo vielleicht günstiger bekommen, aber dann wäre es nicht Sylt. Es gibt nicht wenige hier, die sich ausgerüstet haben mit T-Shirts, Handtüchern und Hüten, darauf die Silhouette der Insel. Als wäre es nicht genug, einfach da zu sein.

Am Westerländer Strand liegen sie dicht an dicht und sonnen sich in Erinnerungen

Als könnte das zur Schau gestellte Bekenntnis die Euphorie darüber noch steigern. Und wenn man sie fragt, warum, dann sagen sie dasselbe wie wohl die Menschen vor bald 170 Jahren, als Westerland Seebad wurde: die Natur, die Erholung! Es sind von der Fußgängerzone schließlich nur ein paar Treppenstufen hinab zum Meer. Und viele gibt es, die hinterherschieben, mit einem gewissen Trotz, dass diese Insel auch ihre und ganz anders sei. Man wollte ihnen raten, keine weitere Sonnensekunde um Deutungshoheiten zu streiten, doch es geht auf Sylt natürlich um mehr.

Es geht wie dieser Tage oft um Besitz und Allgemeingut, um Glück und seine gerechte Verteilung, es geht die Angst um, aus dem Paradies vertrieben zu werden, weil man sich das verdammte Paradies in Zukunft nicht mehr leisten kann. Auf dem Campingplatz von Wenningstedt jedenfalls wabern die Gerüchte wie der Qualm der Kettenraucher durch sauber geordnete Zeltreihen, die es angeblich bald nicht mehr geben soll. Dafür mehr Platz für schicke Wohnmobile, und würden sie das Wort dafür kennen, man wüsste, mit welcher Verachtung sie es aussprechen würden: Glamping. Die großartige Idee, auch noch die einfachste und demokratischste Variante einer Ferienunterkunft den Gesetzen des Turbokapitalismus zu unterwerfen. Es rumort auf den Klappstühlen, weil man schon sehr deutlich sehen kann, an anderen Stellen des Platzes, wie viel Status man mit einem Camper spazieren fahren kann, von den Klapprädern, die davor parken, ganz zu schweigen. Und gleichzeitig wuchert hier zwischen Gemeindeparkplatz und betörender Heidelandschaft eine gewisse Bewunderung für die, die es geschafft haben, im berühmtesten Lokal der Insel Stammgäste zu sein. Es sei gar nicht so schwer, verrät ein mittelklassiger Wohnmobilbesitzer, man müsse nur zwölf Monate im Voraus reservieren, er buche jedes Jahr den Platz fürs nächste.

Wer hierher kommt, sucht seine Ruhe, auch da sind sich die meisten einig. Die anderen erkennt man schon im Zug. An bunten Haaren, Lederjacken und fragmentarischen Beinkleidern. Mit geschulterten Schlafsäcken reisen sie an, in der Hoffnung, hier das Abenteuer ihres jungen Lebens zu erleben. Auf Sylt. Dabei haben sie das Beste schon verpasst. Im Jahr 2022 war der Rathausplatz von Westerland ein Protestcamp gegen zu viel Geld und alles Etablierte. Es hatten ein paar Ängstliche geunkt, dass eine Bahnfahrkarte für neun Euro die falsche Klientel auf ihre liebste Insel locken könnte. Das hatte die Geister, die sich angesprochen fühlten, erst gerufen, sie kamen in Scharen, um die wohlsortierte Ferienwelt zu stören. Man stritt sich reflexhaft eine Saison bis zur Räumung, und hinfort, so scheint es, wird der Sylter Sommer auch für Punks eine eigene Tradition. Jeden Morgen sieht man sie von den Äckern, wo sie schlafen, mit Hab und Gut auf Bollerwagen zur Stadtmitte ziehen. Wo sie um Kleingeld betteln, musizieren, später Flaschen kreisen lassen, Tag für Tag. Eine Urlaubsroutine der inszenierten Provokation, die feste Muster, Zeiten, Regeln hat. Und niemand von ihnen fragt sich, ob das nun so viel anders ist, als jeden Tag mit der Badetasche zum Strandkorb zu gehen.

Das Geld

Von der Spur des Geldes sind dessen Kritiker in Westerland ohnehin ein gutes Stück entfernt. Sie führt in etwa zehn Minuten Autofahrt sechs Kilometer Richtung Norden nach Kampen, doch es muss schneller gehen für jene, die auf freier Strecke drängelnd Gas geben, damit der teure Motor auch einmal brüllen kann. Was nicht so einfach ist, weil auf den meisten Straßen streng die Geschwindigkeit geregelt wird. Zur Not spielt man im Standgas und kühlt das Mütchen mit einem Zwischenstopp bei Feinkost Meyer, wo sich am Eingang wichtigtuend Flaschen stapeln. Ein Champagnerhersteller hat eigens für Sylt eine Verpackung kreiert, die die richtige Verbindung schafft. „Sylt–Reims – 693 Kilometer" steht darauf. Von solchen Entfernungen kann der Bleifuß unterm Reetdach seines Fünftwohnsitzes in Kampen nur träumen, wenn er genug französisch Prickelndes getrunken hat.

Das Zielgruppenmarketing funktioniert nicht für jeden hier, viele Sylter ärgern sich, dass ihre wirklich schöne Heimat so besetzt ist. Es gibt aber nun einmal keine andere Gemeinde mit knapp 500 Bewohnern in Deutschland, wo man an jeder Ecke einen Kaschmirpullover kaufen kann, aber nach einer Wurstsemmel vergeblich sucht. Wo der Wohnzimmerblick aufs Wattenmeer 30 Millionen Euro kosten kann und eine Dorfstraße als Nobelmeile durchgeht, die nur 240 Meter Länge misst. Und auch wenn Zartheit wohl keine Währung ist im Kampf um die wenigen Parkplätze, auf denen man am Strönwai ausnahmslos edle Karossen glänzen sieht, kommt ein weiteres Mal das Filigrane ins Spiel. Verknappung ist das Zauberwort, das die Gesichter von Verkäufern strahlen lässt. Die Insel ist klein, der Platz in bester Lage begrenzt, in Restaurants genauso wie auf dem Markt für Immobilien. Die Nachfrage nach Letzteren ist in der Pandemie noch einmal gestiegen, weil standesgemäße Rückzugsorte innerhalb der

Landesgrenzen durch Ängste im Allgemeinen und Reisebeschränkungen im Besonderen begehrter wurden denn je. Es gibt noch ein paar andere Theorien, warum auf Sylt vorwiegend Deutsche ihre Millionen parken. Zu wenig Glamour, zu wenig Bling-Bling für den internationalen Jetset, der nicht so gern barfuß über Dünen stapft. Dazu nicht verstehen kann, warum es oben auf den lästigen Sandbergen keine Anwesen mit Meerblick gibt. Außerdem: Schon Brigitte Bardot war an der Seite von Gunter Sachs nur einmal hier. Ihr war es, so erzählt man, schlicht zu windig und zu kalt. Romy Schneider, die ebenfalls nie wiederkehren wollte, störte sich an der Ästhetik der Badekultur, die einst einen Teil zum Ruhm der Insel beigetragen hat und sagte: In jeder Welle hängt ein nackter Arsch. Gunter Sachs, der legendäre Playboy, der in den 1960ern die Imagebildung Kampens maßgeblich vorangetrieben hat, soll, glaubt man seinen Memoiren, am Strand von Sylt immer bedeckt geblieben sein.

Bedeckt bleiben, das hat unter den Betuchten auf Sylt mittlerweile eine andere Bedeutung. Die gängige Kleiderordnung jedenfalls orientiert sich an den Farben, die die Insel vorgibt: Marineblau oder Sandfarben in vielen Schattierungen, bei den Damen gerne ein wenig Heiderosenpink dazu. Gepflegtes Understatement in der Freizeitvariante, keine allzu großen Auffälligkeiten. Die Werte, die Neider oder gar Diebe auf den Plan rufen könnten, versenkt man im Erdreich der Insel. Weil strenge Bauvorschriften großflächige Erweiterungen oder Aufstockungen verhindern, gräbt sich der Wohlstand immer weiter hinab, zuletzt gleich drei Etagen, um Oldtimer und Kunstschätze in Kellergeschossen zu lagern. Es soll organisierte Besichtigungsfahrten Neugieriger zur Baustelle gegeben haben.

Das ist allerdings auch schon das Aufregendste, was sich heutzutage aus den oberen Schichten berichten lässt, Gunter Sachs, so bleibt zu vermuten, würde auf seiner früheren Spielwiese die größte Langweile befallen. Früher feierten auf Sylt die Schillerndsten der Republik zusammen mit den Intellektuellen und den Mächtigen, heute besteht die prominente Besetzung der Insel aus abgenutzten Fernsehgesichtern und lieber unbekannt bleiben wollenden Unternehmern. Äußerstenfalls dürfte diese der Unmut ereilen, wenn sie ihre exklusiven Hotels verlassen und sie die Dünen nichts ahnend abseits der Wege betreten, denn das kann sie laut Sylter Gemeindesatzung eine Maximalstrafe in Höhe des Minimalpreises eines Doppelzimmers, also bis zu 1000 Euro, kosten.

Die Party

Die unerhebliche Leichtigkeit des Seins bleibt dennoch das Versprechen eines jeden Orts, an dem die einen gerne Ferien machen und die anderen gut davon leben. Und es gibt ja immer noch die besten aller Voraussetzungen. Im Idealfall glasklare sonnige Tage am glitzernden Meer, stramme Böen für schnittige Surfer, glühende Sonnenuntergänge und jede Menge in die Dünen gepflanzte Bänke und Tische, an denen man auf das Glück, hier sein zu dürfen, die Gläser heben kann.

Doch selbst den erfolgreichen Diskothekenbesitzer, den letzten vom alten Schlag, befällt bisweilen die Melancholie. Es mag jedes Jahr rundgehen an Pfingsten bei der Partysaisoneröffnung, einer Art *Spring break*, die nicht nur kleidungstechnisch deutlich gebremster daherkommt als das US-amerikanische Vorbild. Getobt wird unter freiem Himmel nur nachmittags im eingezäunten Vorgarten. Was am Strand alles nicht mehr erlaubt ist, hat die Gemeinde Kampen erst letztes Jahr in einem verschärften Nachtrag zur Nutzungsordnung formuliert: „… am Strand zu übernachten, zu zelten, lautstark zu feiern oder zu musizieren, zu betteln oder Alkohol in nicht geringen Mengen zu konsumieren“. Die veränderte Stimmungslage sieht der Mann, der die Insel seit 1982 tanzen lässt, jedoch nicht nur durch Verbote begründet. Früher wurde sich verkleidet und enthemmt herumgealbert, das ganze Lokal eine lässige Verbrüderung der allseits guten Laune. Heute separieren sich die Gäste an ihren reservierten Tischen mit Mindestverzehr von 2500 Euro, man neigt nicht mehr so zum kollektiven Miteinander. Die Krankheit der Gegenwart, sie kriecht bis in die Vergnügungsstätten von Sylt.

Vielleicht hat auch jede Zeit ihren eigenen Spaß. Ganz in Weiß feiert Kampen alljährlich ein legales Strandfest. Lange Tafel, viele Blumen, schöne Bilder, Schaulaufen mit fein gefüllten Picknickkörben, selbst die mitgebrachten Flaschen folgen dem farblichen Dresscode beim „White Dinner“. Zu vorgerückter Stunde stellt sich beim Anblick mancher Restgäste durchaus die Frage, ab welcher Menge Alkohol dessen Konsum nicht mehr gering zu nennen ist. Wenigstens das mit dem Lärm haben die Ordnungskräfte noch im Griff. Zwei Jungs, nicht in Weiß, eher überteuerter Hip-Hop-Style, schlendern mit ihrer dröhnenden Boombox Richtung Sand. Und werden alsbald von einer Aufsichtsperson aufgehalten. Heute nicht und so eigentlich niemals mehr, das müssen nun auch sie begreifen. Was aber, sagt der eine, sollen wir denn dann, bitte schön, tun? Uns hinsetzen und das Meer anglotzen?

Die Einheimischen

Das Meer ist auf Sylt der mächtigste Vertreter einer Natur, die glücklicherweise einige Menschen auf andere Gedanken bringt. Man trifft sie an den Rändern, wo die Insel ausfranst in die Einsamkeit. Leute, die mit ihr verbunden sind, eher subkutan, auf eine unaufgeregte Art. Manche sind ja sogar hier geboren, in siebter oder achter Generation. Je höher die Zahl, desto echter der Sylter und die Sylterin, das bringt das Leben in kleinen Strukturen mit sich. Man erkennt sie an den Namen, ein „-sen“ am Ende weist Friesisches in der Familie aus. Ein großer Schwung ist dann noch nach dem Zweiten Weltkrieg angekommen. Heimatvertriebene aus den ehemaligen deutschen Ostgebieten, mehr, als damals Leute auf der Insel wohnten.

Am 15. Juni 1946 startete Westerland die erste Badesaison nach dem Krieg, man brauchte Arbeitskräfte für den Tourismus, der damals „Fremdenverkehr" hieß, die meisten blieben und pflanzten weitere Familien ein. Stand heute gibt es weniger Gebürtige als Zugezogene auf der Insel. Top drei der Gründe für jene, die die Wahl getroffen haben: der Beruf, die Liebe und der Ruhestand. In dieser Reihenfolge. Drei aufeinanderfolgende Winter ohne Pendeln sollte man allerdings überstehen, wenn man dazugehören will zum widerständigen Inselvolk, sagen die, die es geschafft haben.

Zum Üben könnte man nach Norden fahren, so weit, bis nicht nur Sylt, sondern das deutsche Land an seine Grenze kommt. Bald hinter Kampen fängt das Listland an, das eine Weile eine eigene Insel war, im 14. Jahrhundert, und anders als der Rest des größeren Ganzen bis 1864 dem dänischen Königshaus unterstand. Am äußersten Ende macht die Insel einen Bogen, der Ellenbogen heißt und Fluchtpunkt ist für alle Menschenseelen, die keine anderen sehen wollen. Das klappt sogar im Sommer, wenn das Wetter keine Lust auf Sommer hat.

Viereinhalb Kilometer lang, maximal 1200 Meter breit, Strand, Dünen, Heideland. Eine Straße führt fast bis ans Ende, wer auf ihr fährt, vergisst lieber, dass die deutsche Wehrmacht sie einst gebaut hat, und konzentriert sich darauf, kein Schaf zu überrollen. Die Tiere hängen seelenruhig auf dem Beton ab, als wollten sie eine Lektion in Sachen Entschleunigung erteilen, noch bevor jeder Autofahrer den ersten Parkplatz erreicht. Ihr Lebensraum ist jener Teil der Sylter Sehnsucht, der keine Accessoires und Attribute braucht. Hier kommt kein Lifestyle zwischen die Gefühle, Getränk nur aus der Selbstversorgung, und Gleichgesinnte gehen sich verständnisvoll mit Absicht aus dem Weg.

Das Land ist in Privatbesitz, die Durchfahrt kostet Geld. Vor 400 Jahren findet sich der erste Eintrag dazu, die Familien Diedrichsen und Paulsen sind die Glücklichen. 40 Erben teilen sich das Inselstück bis heute, aber nur einer von ihnen leert dort regelmäßig die Mülleimer, bis über den Atlantik hat es die Nachkommen versprengt. Es gibt nur ein Gehöft dort oben, ein Paar, das es bewohnt und diese exklusive Lage mit seinen Feriengästen teilt. Sie eine echte Diedrichsen, er eingeheiratet, sie haben sich auf einem Sylter Dorffest kennengelernt. Ihre Eltern servierten im „Uthörn" noch reichlich Essen, mit Bussen hat man ihnen den Trubel bis vor die Haustür gefahren, und die Serviererinnen standen im Waschraum auf den Wäschebergen, um den Ansturm aus der Ferne zu erspähen. Jetzt herrscht hier eine Ruhe, die Gewicht hat. Da, wo der großflächige Vorgarten der Diedrichsens aufhört, beginnt die See, kommt nördlich nichts bis Rømø und weit im Westen England. Und wenn das Telefon von Herrn Diedrichsen ein Signal gibt, dann ruft es manchmal sozusagen gleichfalls aus dem Meer.

Er ist neben vielem anderen Seehund- und Robbenjäger, eine Bezeichnung, die erst einmal jeden stutzig macht, und ja, er trägt auch eine Waffe, wenn im Dienst. Aber er will nur Gutes für die Tiere, was manchmal eben leider heißt, dass man ihr Leiden nur verkürzen kann, wenn sie am Strand gefunden werden. Zu krank, zu schwach, er sieht es, oder er hört es an der Atmung. Gelegentlich nimmt er auch Tiere mit nach Hause, sie dürfen dann ein bisschen rasten auf dem Hof. Er rettet sie damit vor wohlmeinenden Passanten, die müde Kegelrobbenkinder streicheln oder gar auf den Arm nehmen. Wer die Natur genießt, muss deswegen nicht viel von ihr verstehen.

Dabei ist Sylt, mehr als alles andere, eine Ansammlung von Schutzgebieten, zu Wasser und zu Land. Es ist also nicht wirklich zu begreifen, warum regelmäßig gefragt wird, wer dort seine Nase in einen Kelch mit Aperol Spritz hält, aber nicht, wie es der Kreuzkröte, dem Bäumchenröhrenwurm, der Wurzelmundqualle, dem Halligflieder-Spitzmaus-Rüsselkäfer, dem Alpenstrandläufer oder den 600 Schmetterlingsarten in der Braderuper Heide geht.

Das Glück

Die ganze Insel ist wie ein Organismus, komplex und kompliziert bis in die tiefsten Schichten. Und Kräften ausgesetzt, die manche an kein gutes Ende glauben lassen. Wenn das Meer ansteigt, die Stürme stärker werden, wenn immer mehr Sand sich in den Wellen verliert und die Natur keinen Ausgleich an anderer Stelle dafür schafft, dann, so drohen Modelle, zerbricht das Glück. Sylt wird dann zerrissen, überschwemmt, für immer verloren sein. Buhnen, Tetrapoden, Sandaufspülungen, jede Gegenmaßnahme bisher war eine Rechnung mit vielen Unbekannten und brachte manchmal mehr Schaden als Nutzen. Der Klimawandel steigert das Tempo; in den Szenarien der ferneren Zukunft ragt, vielleicht Gottes Sinn für Humor, nur noch Kampen aus dem Wasser.

Das wären sogar schlechte Nachrichten für die, die für immer auf Sylt bleiben wollten. Gebettet zu Füßen der Kirche Sankt Severin in Keitum in guter Gesellschaft von Rudolf Augstein, Fritz J. Raddatz, Gert Schulte-Hillen, Peter Suhrkamp und anderen Kapitänen. Der Friedhof ist gut ausgelastet, fast drei Viertel aller, die hier begraben werden, sind Teilzeitsylter, was der Verwaltung einen ausgeglichenen Haushalt beschert. Die Insel hat sie eingefangen, genauso wie die Hüterin der Kirche, die vor fast 20 Jahren vom hamburgischen Festland nach Sylt kam und als Seelsorgerin von Keitum nicht wie die vielen Städter mit den Ferienwohnsitzen das Beste aus beiden Welten lässig kombinieren kann. Ein Kulturschock war es und eine neue Dimension im Leben, zu lernen, wie Verbindungen wachsen, wenn man sich nicht einfach aus dem Weg gehen kann. Wie es sich anfühlt, mit Ebbe und Flut zu leben und die Sonne jeden Tag auf- und untergehen zu sehen. Sie möchte übrigens nicht mehr über die Hochzeit des Finanzministers sprechen. Und hat ihr Grab schon ausgesucht.

Links **Auf dem Dünenweg bei Rantum**

Rechte Seite **Die Strandpromenade von Westerland**

Dmitrij Leltschuk

geboren 1975 in Minsk, lebt als freier Fotograf in Hamburg. Sylt ist ihm ein vertrauter Ort, er hat viele Jahre für eine Sylter Stiftung ihre Stipendiaten fotografiert und fühlt sich dort immer an seine kindlichen Sommerurlaube in Lettland erinnert.

NIKE

Linke Seite oben
Tetrapoden dienen dem Küstenschutz. Diese sind außer Dienst und wurden von Unbekannten verziert zur Touristenattraktion

Darunter **An Bord eines Fischkutters aus Hörnum**

Unten **Mitarbeiter der Austernzucht in List bei ihrer Arbeit im Wattenmeer**

Oben und unten **Sylt ist Projektionsfläche für sehr unterschiedliche Sehnsüchte. Und für viele die perfekte Symbiose von Luxus und Natur**

Rechte Seite **Selbst am Strand von Westerland findet man je nach Wind und Wetter die Einsamkeit**

SYLT-BRANDS©
NINTENDO64
AC/DC
www.sylt-brands.de
10€
Pro Stück
T-SHIRTS &
SWEATSHIRTS
SYLT & SKULL
AUFKLEBER

Linke Seite oben
Die beste Verbindung: Von fünf Uhr früh bis Mitternacht verkehren stündlich Züge zwischen Hamburg und Sylt

Darunter **Die Friedrichstraße in Westerland ist der Urlauber liebstes Einkaufsparadies**

Oben **Und natürlich darf kein Tag ohne gekühltes Getränk zu Ende gehen**

Unten und rechte Seite oben **Die Geschichte des Lister Hafens geht bis ins Mittelalter zurück. Heute legen dort neben Ausflugs- und Fischerbooten auch die Fähren nach Dänemark an und ab**

Rechte Seite unten **Am Strand von Westerland lässt die Badesaison noch auf sich warten**

Hafen List

STRANDKORBVERMIETUNG

Oben **Wattführer Werner Mansem ist seit Jahrzehnten auf der Insel für den Naturschutz aktiv**

Rechte Seite **Peter Kliem kam in den wilden 1970ern nach Sylt, ließ als DJ das Partyvolk tanzen und betreibt in Kampen seit über 30 Jahren den legendären Club „Rotes Kliff"**

Stefan Pielow

geboren 1961, lebt in Starnberg. Er ist ein Meister des inszenierten Porträts und hatte, als einstiger Mitarbeiter des „Sterns", auf Sylt oft Prominente vor der Kamera. Diesmal durfte er während seines Aufenthalts in einem Kurs von Ambroise Gaglo sein Talent als Trommler entdecken.

Links **Stephanie Petersen ist Tierärztin auf Sylt, hat fünf Hunde, züchtet Pferde und ist Star einer Dokuserie über ihren Berufsalltag**

Unten **Der gebürtige Sylter Ole König ist Immobilienmakler und Bauunternehmer in dritter Generation. Früher besaß seine Familie ein Spielwarengeschäft**

Rechte Seite **Ambroise Gaglo kam 1995 als Asylsuchender aus Togo nach Sylt, heute arbeitet er als Sozialpädagoge in einer Schule in Westerland, engagiert sich gegen Rassismus, gibt Trommelkurse und berät Flüchtlinge**

1634
www.insel-sylt.de
SYLT

Oben **Annika Elias mit ihrem Pferd Forever Young in den Dünen von Rantum. Die passionierte Reiterin ist auf Sylt geboren und nimmt an vielen Turnieren teil**

Links **Sawittree Hartwigsen und Carmen Seifert nähen Wimpel in ihrer Manufaktur im Hafen von Rantum. Jeder ist ein Einzelstück**

Rechte Seite **Charlie Esser ist Naturschutzbotschafterin der Insel. Die studierte Geografin kartiert Pflanzen, zählt Vögel und bringt Gästen und Insulanern ihre Umwelt näher**

NATURSCHUTZBOTSCHA

Linke Seite **Inga Heemeyer leitet mit ihrem Mann seit vier Jahren die Jugendherberge in Hörnum**

Oben **Janet Mitzkat arbeitet liebend gern in der Strandsauna in List**

Rechts **Tim Behrens ist einer der Betreiber der „Buhne 16". Sein Vater hat das bekannte Kampener Strandlokal 1981 mit seinen beiden Brüdern eröffnet**

Fritz J. Raddatz

1931–2015, war einer der passioniertesten Feuilletonisten unserer Zeit. Er hat viel Zeit auf Sylt verbracht und seine Liebe zur Insel in einem Buch für den mareverlag verewigt. Auf dem Keitumer Friedhof, wo er heute begraben liegt, hatte er sich schon mit 50 einen Platz reserviert.

DINIEREN MÖWEN? KÜSSEN QUALLEN? WISPERN Igel?

Jedenfalls ist es ein eigenartiges Bild, die Möwen – exakt zu den wechselnden Gezeiten – bei Niedrigwasser an den muschelverklebten Buhnen hocken zu sehen, eine weißgefiederte Welle, die sich im Rhythmus der Wogen hebt und senkt, von der Tafel aber nicht abläßt. Jedenfalls ist es ein eigenartiges Spiel, das die Quallen mit ihren rosa geränderten „Lippen" bieten, fließend aufeinander zu und voneinander weg; tanzen sie ihren Wogen-Tango aus Wollust? Jedenfalls ist es von erstaunlicher Gemütlichkeit, wenn die September-Igel – wie verabredet – gegen Abend gemeinsam aus ihren Verstecken hervortrippeln und, sich ihrer Stachelwehr bewußt, Pfade und Wege überqueren.

Sylt ist ein nicht enden wollendes, sich ständig erneuerndes stetes kleines Wunder: ob die zartlila Dünenveilchen – winzige Biedermeier-Stiefmütterchen – im vom Sonnenglast ausgedorrten Sand, der bunte Schatten, den die im rasenden Frühjahrswind grün-gelb-orangefarbenen Splitterscherben von gegeneinander scheppernden Ostereierbäumen werfen, oder der bleiche Finger des Leuchtturmfeuers, der durch den Novembernebel streift, als wolle er die Dünengespenster herbeistreicheln. Manchmal, in den Sommernächten, gibt ein schweigendes Meer weit draußen Sandrippen frei, der Wind schält Fetzen von der Haut des Meeres, und die winzigen Vögel, die Strandläufer in ihrer possierlichen Emsigkeit, bilden ein flatterndes Hohlsaummuster; manchmal hängen die Regentropfen wie Glasperlen im windgeschützten Dünengras, und dann wieder rinnt der Tau an den roten Hagebutten in Zwergenwald mit seinen kleinen kandierten Äpfeln wie flüssiger Zucker herab. Das Meer erzählt seine Märchen, sie haben je einen anderen Klang, eine immer andere Farbe, wechselnd zu jeder Jahreszeit. Mal sieht man, bei Pulverschnee, muschelförmige weißgepuderte Fußabdrücke – die aber, als seien die Spaziergänger entschwebt, nirgendwohin weiterführen dort, wo kein Schnee hinwehte, in jenen hohen Himmel, an dem die Möwen kokett protzig blitzenden Lalique-Schmuck tragen: das sind die gefrorenen Seesternchen, in deren Eisschicht sich das Licht der fahlen Wintersonne bricht. Ja, die kalte Wintersonne; ihr rufen die weißgeplusterten Wogen zu: „Komm, kühle Scheibe, wir hüllen dich ein, unsere Steppdecke wird dich wärmen." Die kühle Scheibe aber schneidet lieber ihre tiefschwarzen Schatten in die Dünen, dräuende Segel der Seeräuber, die wohl in der Nacht vor Heiligabend die Diamanten, Picasso-Lithos und das Sèvre-Porzellan rauben werden, die unter den Weihnachtsbäumen der Strandvillen liegen sollten. ... Diese ständig wechselnde Naturwelt ist das Raunen von Sylt, dem ich verfallen bin: Es kann dünn und kärglich sein im kaum sich hervorwagenden Vorfrühling, wenn über dem schlohweißen Strandhafer – kein Bleike Bleikensen kann so blond sein – die ersten hellgelbgrünen Weidenkätzchen nach der Sonne lecken und die nachgepflanzten Bäumchen mit ihren drei Kummertrieben sich in Plastikschatullen verstecken, der Kaninchen wegen. Sylt kann theatralisch sein, etwa ein schwarzes Paillettenkleid, leicht grünlich schillernd im abendlichen Mailicht, eine Abendrobenkrinoline, die sich im Spiegel des Wassers wiegt: die muschelbewachsenen Betonpfeiler der Buhnen. Und es kann rauschhaft sein, Sylt im Juni: eine ganze Insel duftet nach Rosen, die Lupinen – wohl außer Dahlien die einzige Blume, die an *einem* Blütenstand verschiedene Farben trägt – in ihrem Goldorange mit Lila, Rosa, Weiß, Gelb und Bordeauxrot fast künstlich prunkend, während Keitum (das Dorf, in dem sich einst Kapitäne zur Ruhe setzten, im 18. Jahrhundert Hauptort der Insel, die nur per Postsegler oder im Winter mit dem Eisboot zu erreichen war) im vielfarbenen Kissen aus blühenden Kastanien, Flieder, Rhododendron, Klatschmohn und Weißdorn ruht: ein Juwel in schimmerndem Blütensamt, darüber Wasserfälle von Goldregen. Doch Märchen, bekanntlich, können auch giftig sein. Hat man sich eben noch staunend erfreut an Pflanzen, deren Namen aus versunkener Zeit herüberzuklingen scheinen – Krähenbeere und Glockenheide, geflecktes Knabenkraut und Lungenenzian, Ährenlilie und Besenheide, Strandsalzmiere und Sonnentau, Bergsandlöckchen und Sumpfbärlapp –, kann man sich schon in der Hautklinik wiederfinden: Der so prachtvoll sein betörend duftendes Blütendach über sich wölbende Bärenklau ist so giftig, daß nur Feuerwehrleute in Spezialkleidung ihn roden können – einen Stiel mit der Hand gebrochen oder nur die scharfzackigen dekorativen Blätter gestreift, und schon erleidet man schwerste Hautverbrennungen. Da widersteht man alsbald der adoleszenten Begierde, die blon-

Sylt ist ein nicht enden wollendes, sich ständig erneuerndes stetes kleines Wunder

den Kornähren auf den spätsommerlichen Äckern zu Zöpfen zu flechten, steht lieber in gesicherter Entfernung, um die zotteligen Galloway-„Bären“, mächtige schwarzgelockte Rinder, beim Weiden zu beobachten – oder ein Apfelschimmelfohlen, so niedlich-ungelenk vor dem schwarzweiß gestreiften Leuchtturm von Kampen, als habe die Kurverwaltung es eigens dort hingestellt. Im September dann, unter der schon müder werdenden Sonne, verändern sich die Wiesen zu Baumwollfeldern aus Mississippi – die hoch wogenden Disteln haben puschelige weiße Flocken angesetzt; wer Glück hat, kann kleine stämmige Pferde – welche Rasse mag das sein? – beobachten, die dazwischen in Pampuschen einherstapfen; sie haben an den Fesseln zottelig wehendes Fell.

„Sylt ist tausendmal schöner als Wangeroog“, schreibt schon Siegfried Jakobsohn 1920 an Kurt Tucholsky, „und ebenso vielmal mehr Nordsee“; und nach einem Besuch Thomas Manns in seinem Haus in Kampen schreibt der Kritiker, der sommers seine „Weltbühne“ von hier aus redigierte: „Tatsächlich hat ja Westeuropa zwischen Hammerfest und Gibraltar nicht ihresgleichen“ über die Insel, der er „Sonne und Seligkeit“ verdankt; schon die Anreise – damals noch per Schiff – versetzt den gewieften Berliner in eine Art Taumel: „Für die Überfahrt übers Wattenmeer geb ich das ganze Engadin hin und bin meines Handels froh. Ich bin so berauscht, daß ich keine drei Minuten fest auf dem Stuhl sitzen kann.“

Ob man seinerzeit am Hafen von Munkmarsch – jetzt bewacht von einem Luxusrestaurant – die Ankömmlinge schon mit jenem legendären, Neulinge nach wie vor verblüffenden „Moin, Moin“ begrüßte, dessen Herkunft wie Bedeutung höchst umstritten ist? „Guten Morgen“ heißt es nicht, auch wenn Besucher, denen des Landes Brauch fremd ist, sich über diesen Gruß, wenn am späten Abend dargeboten, baß verwundern. Die eine Erklärung sagt, die Redewendung käme von der Seefahrt her und bedeute „guten Wind“, eine andere, es sei von dem dänischen Mojen abgeleitet; umstritten ist auch, ob die Wortkargheit der Nordfriesen es auf ein einmaliges „Moin“ abgekürzt hat, weil diese gerne mit einem geringen Wortschatz, also auch mit einer Kürzestformel der Begrüßung auskommen und „schön“ auf friesisch „moi“ heißt – an der allzu weitschweifigen Doppelung erkenne man die Leute aus so fernen Ländern wie Schleswig-Holstein oder Hamburg. Indes wiederum meine Sylter Autowerkstatt mit einem aufgedruckten „Moin, Moin“ auf der Visitenkarte wirbt. Wie auch immer. …

Dünen gibt es ja auch anderswo, Möwen kreischen an jedem Meer, und auch Ginster soll, wie man hört, in anderen Landschaften blühen. Und dennoch: Diese Mischung aus südlichem Glast, wenn die Sonne die Luft über den endlos scheinenden Stränden sirren macht, und nördlicher Störrischkeit (nirgendwo, so scheint mir, hat der Ginster so harte, spitze und lange Dornen) – diese Mischung öffnet der Seele Fenster. Es ist nicht die – wahrlich schöne – Weichheit der lavendelduftenden Provence, wenn im Juni die ganz Insel erfüllt ist vom Duft der blühenden Heckenrosen, und es ist auch nicht die – wahrlich bizarre – surreal anmutende schwarze Härte der Lavastrände von Lanzarote, wenn sich bei Niedrigwasser die Sandbänke wie dunkel glänzende Wale hervorbuckeln und hochmütig nickend die Austernfischer mit ihren roten Beinen darüber hin stelzen. Es ist, was es vielleicht gar nicht gibt: deutsch undeutsch.

Diese morgendlich herankriechenden Seenebel, gegen Mittag von der Sonne aufgeleckt; diese lila mit Heidekraut wattierten Mulden, in denen abends pünktlich die Kaninchen äsen; und diese Greisenfalten des Roten Kliffs, die Jahr um Jahr tiefere Furchen zeigen: das gibt es nur ein Mal auf der Welt. Das Ganze ist mehr als die Summe seiner Teile. Wo gäbe es das nicht auch: Vollmondnacht, Gischt und Tanggeruch. Aber wie hier, am Kliff von Morsum, plätschernd das Wasser nach einem grapscht, eine unheimlich singende Meeresversion des „Erlkönig“ erklingen läßt; und wie hier der Himmel aufgerissen wird, schweigend und zerspleißend zugleich wie Seide, wenn die Vögel im Naturschutzgebiet des Rantumer Beckens ihn schneiden: das gibt es nur hier auf der Welt. …

Wie kommt das Meer ins Gebirge?

Warum isst man im Piemont Sardellen, in einer Region ohne Meerzugang? In Domodossola erklärt Giorgio Patrone bei einem Sardellen-Dip das ozeanische Geheimnis der Alpenregion

Text: Barbara Schaefer Fotos: Gaia Squarci

VOR ZWEIERLEI FÜRCHTETE sich der kleine Giorgio aus dem piemontesischen Bergdorf: in einem Bach zu ertrinken. Und vor den Frauen mit ihren Kröpfen. „Wenn ich vom Spielen nach Hause rannte, durch die schmalen Gassen, und dann kamen sie mir entgegen: in Schwarz gekleidet, mit schwarzem Kopftuch, und vor sich diese monströsen Fleischlappen, die ihnen vom Hals hingen. Ich wusste nicht, ob ich umkehren oder mich an ihnen vorbeidrücken sollte. Ich musste weinen und fragte meine Familie: Sehe ich auch mal so aus?“ Aber man habe ihn beruhigt. Wir essen genügend Salz, habe es geheißen. Salzmangel, genauer gesagt: Jodmangel führte zu diesen vergrößerten Schilddrüsen, ein Dorf in der Gegend heißt sogar Gozzi, Kropf. „Die armen Frauen“, sagt der 73-Jährige heute.

Salz war wertvoll und teuer, davon zeugen noch die Schilder „Sale e Tabacchi“ an jenen Läden, die lizenzierte Waren verkaufen durften, eben Salz und Tabak. Und doch gehören ausgerechnet in Salz eingelegte Sardellen zu den Klassikern der piemontesischen Küche. Aber wie kamen das Salz und die Sardellen ins meerferne Piemont?

Giorgio Patrone führt seit 44 Jahren mit seiner Frau Lucia Novello das „Ristorante Piemonte da Sciolla“ in Domodossola. Und zu dessen winterlichen Gerichten gehört Bagna Cauda – eine warmige salzige Sardellensauce zum Dippen.

Giorgio schleppt alte Kochbücher heran. „Im ‚Il cuoco piemontese‘ von 1776 findet sich die Bagna Cauda nicht. Das war ein Buch über die Küche bei Hof, bei den Savoyern. Da hat man das nicht gegessen.“ Savoyen reichte von den Bergen bis ans Meer, umfasste Piemont und Ligurien und Teile des heutigen Frankreichs. Und so räumt Giorgio Patrone mit einer Legende auf. Wegen der hohen Steuer sei Salz geschmuggelt worden, heißt es. Damit es nicht auffiel, habe man auf das Salz in den Fässern eine Schicht Sardellen gelegt. Patrone sagt: „Von welchen Steuern reden wir? Es gehörte ja alles den Savoyern, von Ligurien bis nach Nizza – da gab es keine Grenzen.“

Aber wie kamen nun die Sardellen in die Täler? Fisch wurde getrocknet oder in Salz eingelegt, so fand auch der norwegische Kabeljau, *baccalà* oder *stoccafisso*, den Weg in die Berge. Fisch aber war teuer, und Geld war rar. Die Piemonter Männer wanderten im Herbst saisonal aus, wurden Kaminkehrer in Mailand oder eben *acciugai*, Sardellenhändler. Sie fuhren nach Ligurien, kauften Sardellen, zogen die Fässer auf ihren blauen Handkarren durch die Ebenen in die Städte und in die Berge. Im Mairatal nahe Cuneo ist ihnen ein Museum gewidmet, die okzitanische Band Lou Dalfin hat den *acciugai* ein Lied gewidmet: „Ja mai icì sem arrubats / Sus la terra nos portem la mar“ – Wir sind wieder da / Wir bringen das Meer an Land.

Die Bagna Cauda wird im südlichen Piemont mit Olivenöl zubereitet, im Norden gibt man Butter dazu. Giorgio schwört auf Sardellen aus dem Baskenland, nur die Basken würden das Einsalzen wahrhaft beherrschen. „Nach der Bagna Cauda gab es Koriander und Salbei, wie Kautabak, gegen den Knoblauchgeschmack.“ Und an noch etwas erinnert sich Giorgio: an das Salz der Toten, ein Brauch der Piemonter Alpentäler. Wer bei einem Todesfall kondolierte, bekam als Dank ein Säckchen Salz. Er habe ein paar „L'eterno riposo“ beten müssen, „Herr, gib ihnen die ewige Ruhe“, dann gab es Essen. Mit Salz. „Salz war so rar und so wichtig. Es war ja fast Medizin. So halfen die Toten den Lebenden.“

Bagna Cauda

Zutaten (für vier Personen)
150 g gesalzene Sardellen, 800 g gemischtes Gemüse, 50 g Butter, 150 ml Olivenöl aus Ligurien, 150 ml Milch, 2 Löffel frische Sahne, 4 Knoblauchzehen, 150 ml Weißwein.

Zubereitung
Verschiedenes Gemüse nach Wahl wie Kardenstängel, Topinambur, Wirsing, Kartoffeln, Blumenkohl, Sellerie, Chicorée in mundgerechte Stücke schneiden. Knoblauch eine Stunde in Milch, Sardellen eine Viertelstunde in Weißwein einlegen. Knoblauch waschen, mit den Sardellen in eine Pfanne geben, mit Olivenöl bedecken, zehn Minuten köcheln. Der Knoblauch darf nicht bräunen. Wenn alles eine breiige Konsistenz hat, weitere zehn Minuten köcheln lassen, die Butter hinzufügen, wieder zehn Minuten köcheln, bedächtig mit einem Holzlöffel umrühren – die Bagna Cauda darf nie kochen. Kurz vor dem Essen die Sahne unterrühren. Die heiße Sardellenpaste wird am Tisch auf einem Stövchen serviert, und man stippt das Gemüse in die Bagna Cauda. Dazu reicht man Weißbrot und serviert Rotwein; Giorgio empfiehlt den Prünent Stella seines Sohns Edoardo.

Ristorante Piemonte da Sciolla
Piazza Convenzione, 4,
28845 Domodossola, Verbano, Italien,
Telefon +39/0324/481007.
Geöffnet Mo 19 bis 21, Di 12 bis 14.30, Do bis Sa 12 bis 14.30 und 19 bis 21 Uhr, Mi und So geschlossen.

Ganz oben **Giorgio Patrone in der Küche seines Restaurants.** *Darunter links* **Bagna Cauda, zu Deutsch „warme Sauce". Serviert wird der Dip auf einem Stövchen.** *Daneben* **Das „Ristorante Piemonte da Sciolla"**

Die Stadt, die ich mir kaufe

Seit Jahren arbeiten libertäre Vordenker an der Errichtung von Privatstädten, in denen die Menschen keine Bürger, sondern Kunden sind. Neusiedler sollen auf künstlichen Mini-Inseln im Meer wohnen

Von Martin Reischke

Im Yachthafen von Puerto Lindo an der Karibikküste Panamas dümpeln die Boote träge vor sich hin. Zwischen ihnen treibt eine strahlend weiße Konstruktion, die an einen riesigen Käfer erinnert. Auf einem stählernen Schaft, der senkrecht nach oben ragt, ruht der mächtige Körper des Insekts. Drei lange Auslegerarme halten ihn stabil über dem Wasser. Dort oben sitzt Grant Romundt und lacht in die Kamera seines Smartphones: „Viele Menschen finden unser Projekt interessant, auch wenn sie nie so leben wollen", sagt der kanadische Unternehmer. „Aber wer einmal in den SeaPod steigt, wird sich in ihn verlieben."

Romundt ist Mitgründer und Chef des Unternehmens Ocean Builders, das das schwimmende Vehikel entwickelt hat. Der SeaPod ist ein „floating home" mit Wohn- und Schlafzimmer, Bad und Küche auf einer Fläche von 70 Quadratmetern. „Teure Immobilien sind häufig in Wassernähe oder haben einen Meerblick", sagt Romundt. „Den bieten wir auch – aber nicht nur in eine Richtung, sondern überall hin." 400 000 US-Dollar soll der günstigste SeaPod kosten und könnte 2025 erstmals ausgeliefert werden.

Schon bald soll die futuristische Konstruktion aus Stahl und Glasfaser hinaus aufs Meer gezogen werden – das aktuelle Modell ist für eine Wassertiefe von bis zu 30 Metern konzipiert. Ausgestattet mit einer Entsalzungsanlage und Solarzellen, soll der SeaPod seinen Bewohnern größtmögliche Unabhängigkeit von der Infrastruktur des Festlands bieten; Lebensmittel könnten per Boot oder Drohne angeliefert werden.

Nur: Wer interessiert sich überhaupt für ein Leben auf dem Meer? Das seien ganz unterschiedliche Leute, meint Unternehmensgründer Romundt, zum Beispiel Yachtbesitzer und wohlhabende Rentner oder Künstler und Kreative.

Und natürlich Menschen wie Joe Quirk. Der US-Amerikaner ist Direktor des Seasteading Institute, einer kleinen NGO mit ziemlich großen Zielen. Ursprünglich mit einer sechsstelligen Anschubfinanzierung durch den libertären Investor und Trump-Unterstützer Peter Thiel ausgestattet, sieht sich die Organisation mit Sitz in San Francisco als Wegbereiter des Seasteading, der permanenten Besiedlung der Weltmeere. Für Quirk ist das etwas anderes als eine Technik zur Überwindung der bisherigen Nationalstaaten. Er träumt von der Entwicklung

Der Traum von der Besiedelung der Hohen See beflügelt

sogenannter „voluntary societies“, freiwilliger Gesellschaften, in denen man nicht qua Geburt zum Staatsbürger wird, sondern durch die bewusste Entscheidung für ein Angebot, das am ehesten den eigenen Lebensvorstellungen entspricht.

„Ich bin zu der Überzeugung gelangt, dass Fortschritt jeglicher Art wie in der Evolution nur durch Variation und Selektion entsteht“, sagt Quirk, also durch Veränderung und das Ausprobieren neuer Ideen, von denen sich die besten durchsetzen. „Aber Regierungsformen lassen sich auf diese Art und Weise nicht ändern, weil das zu Krieg und Revolutionen führen würde, die niemand will.“ Also brauche es Seasteads, um neue Gesellschaftsmodelle zu erproben und voranzubringen.

Quirk und seine Mitstreiter sehen sich in der Tradition der europäischen Siedler an der „American Frontier“, einem der Gründungsmythen der Vereinigten Staaten, der auf der Überzeugung beruht, dass erst die Grenzerfahrung der Erschließung und Kolonisierung neuer Siedlungsgebiete im Westen Nordamerikas den Entdeckergeist und die Innovationskraft der US-Gesellschaft hervorgebracht hätten. Nur dass die heutigen Seasteader ihre „blue frontier“ nicht mehr auf dem Festland verorten, sondern mitten im Meer.

Der Traum von der Besiedelung der Hohen See beflügelt die Fantasie der Menschen schon seit Langem. 1895 veröffentlichte der französische Schriftsteller Jules Verne den Roman „Die Propellerinsel“. In dem Werk erzählt der Autor die Geschichte von Standard Island, einer 30 Quadratkilometer großen, aus Tausenden Bauteilen zusammengeschraubten Insel aus Metall, die sich, von mächtigen Propellermotoren angetrieben, über die Weltmeere bewegt. Bevölkert wird die riesige Plattform von reichen Amerikanern, die ihr schwimmendes Eiland wie eine echte Stadt ausgestattet haben: mit Kultursalons und Restaurants, sogar eine Straßenbahn fährt über die Insel. Paradiesische Zustände also, doch natürlich kommt es zwischen zwei verfeindeten Gruppen zum Streit. Am Ende zerbricht Standard Island, weil sich die beiden Gruppen nicht auf einen gemeinsamen Kurs einigen können.

Mit dieser Vorstellung scheint Verne gar nicht so falsch gelegen zu haben. Beim Ephemerisle-Festival geht es zwar etwas improvisierter und ein paar Nummern kleiner zu, handfeste Konflikte aber gibt es auch hier. Ephemerisle – ein englisches Kofferwort aus „ephemeral“ und „island“ – lässt sich am besten mit „vergängliche Insel“ übersetzen, und tatsächlich treffen sich seit 2009 Jahr für Jahr einige Hundert Menschen im Delta der Flüsse San Joaquin und Sacramento in Kalifornien, um aus Booten, Flößen, alten Tonnen und allerhand Recyclingmaterial eine große, schwimmende Insel zu bauen. Die Truppe ist bunt gemischt: Die einen feiern Partys, die anderen organisieren Vorträge und bevorzugen die Ruhe. Also kommt es nach ein paar Jahren schließlich, wie es kommen muss, wenn die Interessen so unterschiedlich sind: Man trennt sich, was im Gegensatz zum Roman allerdings kein Problem ist, denn die verbundenen, improvisierten Inselchen lassen sich problemlos voneinander lösen.

Für Quirk ist das Festival eine spielerische Fingerübung, die im Kleinen zeige, welches Potenzial im Seasteading stecke: die Möglichkeit, zwischen unterschiedlichen Lebensentwürfen mühelos hin und her zu wechseln. Doch der wirkliche Praxistest steht erst noch bevor.

Gerade lässt das Seasteading Institute von Ocean Builders nämlich eine SeaPod-Version entwickeln, die auch auf Hoher See eingesetzt werden kann. Das Modell soll nach dem Prinzip einer im Wasser schwimmenden Flasche funktionieren. ➢

DIE FANTASIE DER MENSCHEN SCHON SEIT LANGEM

Linke Seite und rechts **Die SeaPods sind schwimmende Luxuswohnungen mit Wohn- und Schlafzimmer, Bad und Küche auf einer Fläche von 70 Quadratmetern**

Der Flaschenbauch bleibt unter der Wasseroberfläche und gibt dem Konstrukt Stabilität, während der Hals, auf dem der Wohnraum thront, aus dem Wasser ragt. Eine halbe Million US-Dollar soll der Prototyp kosten, den Großteil davon hat das Seasteading Institute nach eigenen Angaben bereits eingesammelt.

Einer der Geldgeber für den Hochsee-SeaPod ist Titus Gebel. Der deutsche Jurist und Unternehmer, der dem Verwaltungsrat des Seasteading Institute vorsteht, gilt als Vordenker der libertären „Privatstadtbewegung". Wie Quirk träumt Gebel davon, Staaten zu privaten Dienstleistern zu machen. In einer Privatstadt wären soziale Verteilungskämpfe oder ideologische Auseinandersetzungen nicht mehr nötig, so der Jurist. Regeln würden einfach zwischen den beiden Vertragsparteien – also den Bürgern und dem Unternehmen – festgeschrieben und vertraglich garantiert.

Alles sei denkbar: kommunistische Systeme ebenso wie marktradikale Experimente. „Nach spätestens zwei Generationen wären unabhängige Privatstädte wohlhabender, freier und friedlicher als alles, was wir bisher kennen", glaubt Gebel.

Sarah Moser, Geografin an der kanadischen McGill University, bezweifelt das. „Libertäre entwickeln oft Konzepte für eine Realität, die sie sich erträumen", sagt sie. „Es ist eine Bewegung, die von Männern dominiert wird, die noch nicht verstanden haben, was es bedeutet, in einer Gesellschaft mit Menschen zusammenzuleben, die nicht so sind wie sie selbst."

Ideologisch lassen sich die Verfechter von Privatstädten im rechtslibertären Lager verorten. Sie lehnen nicht nur Eingriffe durch den Staat ab, sondern diesen auch gleich selbst, zumindest in seiner heutigen Form. Der Politikwissenschaftler Dieter Plehwe vom Wissenschaftszentrum Berlin für Sozialforschung sieht in dem Konzept Anknüpfungspunkte zu Modellen wie etwa Sonderwirtschaftszonen, die mit der Privatstadt radikalisiert werden. „Mit einem demokratischen Gemeinwesen ist das nicht vereinbar", sagt Plehwe. „Die Geschichte des Liberalismus und der Demokratie geht davon aus, dass das Gemeinwesen über Wahlen erkämpft und erstritten wird. Das wird vom Privatstadtkonzept in Abrede gestellt."

Die Verfechter der Idee sehen das völlig anders. Ihnen zufolge liege die eigentliche Demokratie in der Macht der Konsumenten, sich für das System zu entscheiden, das am besten ihre Interessen vertritt. Für die Seasteading-Bewegung heißt das: Wenn dem Kunden das Angebot des Dienstleisters nicht mehr gefällt, lichtet er den Anker und zieht zum nächsten. Nur: Die dafür nötige, grenzenlose Mobilität ist keineswegs für jeden zu haben. „Schon heute gibt es viele, die in eine andere Gesellschaft übersiedeln wollen", sagt Plehwe. „Aber die realen Migrationsrechte und -hindernisse machen das schwer." Denn wer kein Geld besitzt, für den bleiben die Türen zu anderen Gesellschaften meist verschlossen.

Das Verfassungskonzept einer Privatstadt klingt simpel: Der „Staat" garantiert als Dienstleister zwar Freiheit, Eigentum und Sicherheit des Einzelnen, mischt sich aber sonst in das Leben der Menschen nicht weiter ein.

Vor allem in den USA wird diese libertäre Agenda schon heute von zahlreichen Denkfabriken wie dem Mises Institute mit Sitz in Auburn, Alabama, in die Welt getragen. Das ist erstaunlich, weil globale Ereignisse wie die Weltfinanzkrise von 2007 oder die Coronapandemie die Bedeutung staatlicher Regulierung eigentlich eindrucksvoll demonstriert haben.

Doch die libertäre Bewegung propagiert das Gegenteil: einen Abbau von

Verfechter von Privatstädten lehnen nicht nur Eingriffe

Links und rechte Seite
Ein utopisches Experiment: die schwimmende Ministadt „Maria" in der Adria, ein Projekt der amerikanischen Street-Art-Künstlerin Swoon

staatlicher Umverteilung und Einflussnahme. „Es geht darum, ideologisch ein klares Kontrastprogramm aufzubauen", sagt Politologe Plehwe. „Das ist eine Utopie der reichen Leute."

Trotzdem reicht der Einfluss der libertären Bewegung in den USA bis weit in die Partei der Republikaner. Die propagierte Staatsskepsis entspricht auch dem Denken vieler Firmen im Silicon Valley, die ebenfalls der Meinung sind, dass unternehmerische Entscheidungen besser funktionieren als langwierige politische Prozesse, die oft in Kompromissen enden. Am Ende ist der libertäre Traum nichts anderes als die radikale Umsetzung eines Diskurses der Verächtlichmachung des demokratischen Betriebs, wie er von Ex-US-Präsident Donald Trump betrieben wurde. Nach dem Motto: Um unsere Probleme zu lösen, brauchen wir nicht die Demokratie, sondern ihre Abschaffung.

Die Vorstellung vom Leben auf Hoher See ist für die Seasteader auch deshalb so attraktiv, weil sie sich dort, außerhalb der 200 Seemeilen umfassenden Hoheitsgewässer der Nationalstaaten, keinerlei nationalstaatlichen Gesetzen unterwerfen müssten. Allerdings ist die Sache kompliziert: Laut Seerechtsübereinkommen der Vereinten Nationen von 1994 darf zwar kein Staat die Hohe See seiner Souveränität unterstellen. Umgekehrt bedeutet dies aber nicht, dass hier eine neue Nation gegründet werden kann – schließlich würde diese dann das rechtsfreie Territorium wiederum ihren eigenen Gesetzen unterwerfen.

Quirk gibt sich dennoch optimistisch. „Wenn wir die Herzen der Menschen gewinnen, dann können wir die Vereinten Nationen per Petition darum bitten, unsere Siedlungen auf dem Meer als eigene Gesellschaften anzuerkennen." Das erste Seastead wird aber voraussichtlich noch unter der Flagge Panamas registriert sein. Doch Quirks Pläne gehen viel weiter: Auf den Seasteads sollen sich Unternehmen zur medizinischen Forschung oder Krankenhäuser ansiedeln, die ohne Bürokratie und staatliche Auflagen Medizindienstleistungen kostengünstiger als an Land anbieten könnten. Aquakulturen, vor allem aber die Züchtung von Algen sollen für einen hohen Grad an Autarkie sorgen.

Abgesehen von der grundsätzlichen Frage, ob die dauerhafte menschliche Besiedlung der Hohen See überhaupt erstrebenswert ist, sind auch zahlreiche praktische Aspekte des Seasteading noch ungelöst: Wohin etwa mit dem Müll, der beim Leben auf Hoher See anfällt? Quirk glaubt nicht, dass die Seasteader ihn einfach im Meer entsorgen würden, „schließlich möchte niemand seinen eigenen Hinterhof verschmutzen". Wer sich die heutige Entsorgungspraxis in vielen Regionen der Welt anschaut, könnte da skeptisch werden.

Dass Quirk mit seinem Projekt oft als weltfremder Spinner verlacht wird, stört ihn nicht. „Wir stellen für niemanden eine Bedrohung dar", sagt er. „Niemand ist gezwungen, auf dem Meer zu leben. Die einzige Gefahr ist doch, dass wir es besser machen als an Land."

Ob der futuristische SeaPod tatsächlich zum Ausgangspunkt einer neuen Siedlungsbewegung auf den Meeren wird, muss sich erst noch zeigen. Auf die Lebensmittelversorgung per Drohne, wie sie das Unternehmen Ocean Builders für den SeaPod anbieten will, müssten die Siedler auf Hoher See wohl verzichten. Der Service endet schließlich schon zehn Kilometer hinter der Küste.

Als Jugendlicher verschlang Martin Reischke, Jahrgang 1979, freier Journalist in Berlin, die Abenteuerromane von Jules Verne. Nun, 30 Jahre später, hat er für diese Recherche zum ersten Mal wieder nach dem französischen Autor gegriffen.

DURCH DEN STAAT AB, SONDERN DIESEN AUCH GLEICH SELBST

La Señora

Ihre Handelsschiffe kreuzten über die Weltmeere und machten sie im 16. Jahrhundert zur reichsten Frau ihrer Zeit. Dona Gracia Nasi trotzte Inquisitoren, Königen und Päpsten

Von Rob Kieffer

Dona Gracia Nasi mit Neffe Joseph Nasi, ihrem engsten Geschäftspartner. Buchillustration von Arthur Szyk, 1931

LISSABON PLATZT ANFANG DES 16. Jahrhunderts aus allen Nähten. Seit der portugiesische Seefahrer Vasco da Gama im Jahr 1498 die Meeresroute nach Indien entdeckt hat und Gewürze, Tuche und Edelsteine nicht mehr über die Seidenstraße und Venedig nach Europa gelangen, sondern über Portugal, ist das Land auf dem Höhepunkt seiner Macht. Lissabon ist das Epizentrum des explodierenden Überseehandels. In der restlichen Welt heißt es, die breiten Plätze und engen Gassen der Hafenstadt am Tejo seien mit Gold gepflastert.

In den Adelspalästen, aber auch in den einfachen Schenken lacht man darüber, dass die einst allmächtigen Araber und Venezianer ihre Spezereien noch immer über den Landweg auf Kamelrücken transportieren, während die Portugiesen auf die neu entdeckten Seewege und ihre Karavellen setzen, die leichter, schneller und wendiger als alle anderen Schiffe ihrer Zeit sind.

In dieser fiebrigen merkantilen Atmosphäre wird Gracia Nasi am 20. Juni 1510 in einer wohlhabenden Lissaboner Familie von Marranen, zum Christentum zwangskonvertierten Juden, geboren. Die Benennung Marrane ist ein Schimpf- und Spottwort, das vom spanischen „marrano" stammt, was „Schwein" bedeutet. Ihre eigentlichen Vor- und Nachnamen darf Gracia Nasi nicht tragen, sondern muss sich Beatriz de Luna nennen, jenen Namen, den man ihr bei der erzwungenen christlichen Taufe gegeben hat.

Die jüdischen Rituale, wie das Anzünden von Schabbatkerzen am Freitagabend oder die Zubereitung von ungesäuertem Brot zum Pessachfest, praktiziert sie im Geheimen. Um die Öffentlichkeit zu täuschen, besuchen viele Marranen katholische Gottesdienste. Vor dem Betreten der Kirche murmeln sie standhaft: „Hier kommt mein Körper, aber nicht meine Seele, nicht mein Herz."

Die unglaubliche Karriere der Gracia Nasi ist von Verstecken und Flucht geprägt. Fast ihr ganzes Leben lang wird sie trotz ihres Reichtums bespitzelt, denunziert, verfolgt. Die Schicksalsschläge meistert sie mit Klugheit, Verhandlungstalent, Charme und Chuzpe. Für Juden gibt es zu dieser Zeit in Portugal, wohin die Judenverfolgung von Spanien aus wie ein Krebsgeschwür herübergewuchert ist, nur die Wahl zwischen Zwangstaufe und Ausweisung. Auch als „cristãos-novos", als scheinbare Neuchristen, werden sie mit Argwohn und wegen ihrer unternehmerischen Erfolge mit Neid betrachtet.

Erst viele Jahre später wird sich die sephardische Kauffrau zu ihrem richtigen Namen bekennen können und als Dona Gracia Nasi, als reichste Frau der Renaissance, in die Geschichtsbücher eingehen. Sie wird in einem Atemzug mit anderen berühmten Frauen jener Epoche genannt werden, mit Königinnen wie Elisabeth I., Maria Stuart und Katharina von Medici oder mit Fürstinnen und Adeligen wie Lucrezia Borgia und Isabella d'Este.

1528 heiratet Gracia Nasi, der die Chronisten Schönheit und Anmut bescheinigen, den ebenfalls zwangskonvertierten Kaufmann Francisco Mendes, mit jüdischem Namen Semah Benveniste. Die Trauung erfolgt nach katholischem Brauch in der Kathedrale von Lissabon, doch einige Tage später wird im Verborgenen eine jüdische Hochzeit mit dem traditionellen Ehevertrag, der Ketubba, nachgeholt. Francisco Mendes hat mit seinem Bruder Diogo eines der mächtigsten Handelsimperien im ganzen Mittelmeerraum aufgebaut.

Fast ihr ganzes Leben lang wurde sie bespitzelt, denunziert, verfolgt

Fast täglich treffen ihre Karavellen in den großen Häfen des Landes ein, beladen mit Gold, Silber, Porzellan und Seide, aber vor allem mit Pfeffer, Muskatnuss, Zimt, Vanille, Gewürznelke und Ingwer. Die Mendes-Brüder gelten als Gewürzkönige – sie profitieren von den fernen Gewürzparadiesen, die sich die Portugiesen mit seefahrerischen Leistungen, aber auch mit kolonialer Gewalt unter den Nagel gerissen haben: die indische Malabarküste, Ceylon, Java, Sumatra und die Molukken.

Die Profite sind enorm. Allein der Pfeffer ist als Statussymbol derart begehrt, dass er mit Gold aufgewogen wird und bis zum Hundertfachen des Einkaufspreises vor Ort kostet. Die Erträge investieren die Mendes in ihre Bank, die so reich ist wie die der Medici. Sie vergeben Kredite an die oft klammen Königs- und Fürstenhöfe in Portugal, Spanien, England, Frankreich und Flandern sowie an die Päpste in Rom. Schlachten und politische Intrigen werden mit Geldern aus den Mendes-Schatullen finanziert.

Bereits acht Jahre nach der Heirat stirbt Francisco Mendes, und Gracia Nasi, gerade 27 Jahre alt, erbt sein ganzes unermessliches Vermögen und seine Anteile am weltumspannenden Handelsnetzwerk. Geschickt arbeitet die junge Witwe sich in die Führung des Unternehmens ein, die sie mit dem Bruder ihres verstorbenen Mannes teilt. Doch sie braucht sich nur in Lissabon umzuhören, um festzustellen, dass es Zeit wird, Portugal zu verlassen.

Denn 1536 holt König Johann III., genannt „der Fromme", die Inquisition nach spanischem Vorbild ins Land. Nicht allein Juden, auch Muslimen, Protestanten und Homosexuellen wird während der berüchtigten Autodafés der Prozess gemacht. Die jüdischen „conversos" werden angeklagt, sobald sich herausstellt, dass sie ein religiöses Doppelleben führen. Gracia Nasi sieht, wie die wegen Ketzerei Verurteilten in von der Menge begafften Prozessionen zum Scheiterhaufen geführt werden. Um sie dem Gespött preiszugeben, hat man ihnen „carochas" aufgesetzt, spitze Papphüte mit aufgemalten Teufeln, und ihnen „sabenitos", Büßergewänder, übergezogen.

Gracia Nasi flüchtet mit ihrer kleinen Tochter Ana vor Folter und Schafott auf einem ihrer Schiffe nach Antwerpen, das zumindest zu dieser Zeit noch relativ judenfreundlich ist. Dorthin hat sich bereits Diogo Mendes, ihr Schwager und zugleich Ehemann ihrer jüngeren Schwester Brianda, zurückgezogen, um einen weiteren großen Umschlageplatz der Mendes-Handelsgesellschaft aufzubauen. Er macht Gracia Nasi zur Statthalterin – zum Nachteil seiner eigenen Gattin, die zeitlebens vom Neid auf ihre Schwester geprägt sein wird. ➢

Maniera di bruciare quelli che furono condannati dalla Inquisizione.

Gracia Nasi weiß die Vormachtstellung des Hafens in klingende Dukaten umzuwandeln. Sie befehligt ein Heer von Seeleuten und Abgesandten, herrscht über die eigene Werft sowie über Lagerhäuser, von wo aus Gewürze, Kakao, Tabak, Edelmetalle, englisches Tuch und schottische Wolle nach ganz Europa vertrieben werden. Die gewiefte Kauffrau handelt knallhart mit den „Sinjoren“, den Antwerpener Patriziern. Bei mächtigen Konkurrenten wie den Handelshäusern der Fugger und Welser kauft sie Kupfer ein, um das begehrte Metall in Afrika und Asien gegen Gewürze und Diamanten einzutauschen.

Zur gleichen Zeit betätigt sich Gracia Nasi als Retterin Tausender spanisch-portugiesischer Juden. Ihre Handelsvertreter in den Häfen Spaniens und Portugals bringen die Verfolgten mit den firmeneigenen Schiffen in sichere Städte in Italien oder der Türkei.

Ende 1542 stirbt Diogo Mendes, und Gracia Nasi wird zur Alleinerbin des Familienbesitzes. Das weckt Begehrlichkeiten, zumal eine alleinstehende Frau, noch dazu eine Jüdin, als Freiwild betrachtet wird. Karl V., dem Antwerpen untersteht, und seine Schwester Maria von Ungarn, Statthalterin der Spanischen Niederlande, pirschen sich an die Mendes-Schätze heran, indem sie Gracia Nasi der Häresie anklagen. Unter der Vortäuschung, zu einer Badekur nach Aachen zu reisen, flüchtet Gracia Nasi 1544 mit Tochter, Schwester und Enkel erneut, diesmal via Lyon und über die Alpen nach Venedig.

Da sie vorgibt, sich zum Christentum bekehrt zu haben, muss sie nicht im Judenghetto von Venedig wohnen, sondern residiert in einem Palazzo mit Marmorfassaden und goldenen Decken am Canal Grande. Sie trägt kostbare Brokatkleider und wird umsorgt von Lakaien und Dienerinnen. Sie betätigt sich als spendable Mäzenin und gibt in Ferrara die erste Übersetzung der Bibel in Ladino, die Sprache der Juden der Iberischen Halbinsel, in Auftrag. Doch ihren Palast muss sie bald mit einer Gefängniszelle eintauschen: Ausgerechnet ihre Schwester hat sie aus Rachegelüsten an die venezianische Obrigkeit verraten.

Mit Stillhaltegeldern und diplomatischem Geschick erkauft sich Gracia Nasi die Freiheit und setzt ihre Flucht fort, die sie 1553 ins Osmanische Reich führt. Sultan Süleyman I., genannt „der Prächtige“, gewährt Nichtmuslimen, besonders Juden, Asyl sowie eine gewisse Glaubensfreiheit. Juden sind Leibärzte am Sultanshof, betätigen sich als Diplomaten, Astrologen, Kartografen, Graveure und vor allem als gewiefte Kaufleute.

Mit Konstantinopel als neue Niederlassung könnten die Handels- und Geldverleihaktivitäten von Gracia Nasi, deren Neffe Joseph Nasi mittlerweile zu ihrem engsten Geschäftspartner herangewachsen ist, nicht besser laufen. Damit das Vermögen in der Familie bleibt, vermählt sich Joseph Nasi mit Ana, der Tochter von Gracia Nasi.

In Konstantinopel kann sich Gracia Nasi endlich zu ihrem jüdischen Glauben bekennen. In der Diaspora wird sie Dona Gracia Nasi genannt oder ehrfurchtsvoll La Señora. Obwohl sie höfischem Prunk nicht abgeneigt ist und in einem Palast mit weitem Blick auf den Bosporus residiert, unterstützt sie weiterhin ihre Glaubensbrüder und -schwestern.

Einer, der sie mit Argwohn beobachtet, ist der Fugger-Vertreter Hans Dern-

Linke Seite **Inquisition in Lissabon. Hinrichtungen auf dem Palastplatz. Stich eines unbekannten Meisters, vor dem Erdbeben von 1755.**
Rechts **Sultan Süleyman I. Gemälde eines anonymen Meisters, um 1535**

schwam. In seinem „Tagebuch einer Reise nach Konstantinopel und Kleinasien, 1553/55" schreibt er: „Die oben erwähnte Señora und ihr Schwiegersohn führen einen luxuriösen Haushalt, wie es sich für einen Prinzen gehört. Jeden Tag decken sie den Tisch für achtzig. Sie behauptet, sie habe in Europa ein großes Vermögen hinterlassen, das sie bald hier erreichen werde. Aber mit ihren Ausgaben wird es bald schrumpfen, da sie die Paschas reich bezahlt und dem jüdischen Krankenhaus mehrere Tausend Dukaten gegeben und Geld an die Armen verteilt hat."

Aber das Kapital der Mendes-Firma schrumpft nicht, wie vom neidvollen Hans Dernschwam erhofft, sondern vermehrt sich rasant. Umso mehr investiert Gracia Nasi in wohltätige Aktivitäten. Sie verhilft Juden zur Flucht, gründet Synagogen, hebräische Schulen, Hospitäler, unterstützt Rabbiner, Gelehrte und Buchdrucker. Als sie 1555 erfährt, dass im von Papst Paul IV. beherrschten italienischen Ancona die Inquisition wütet und 24 „conversos" hingerichtet wurden, beschließt sie den Boykott des Hafens von Ancona, indem sie ihre Schiffe zum ebenfalls an der Adriaküste gelegenen Pesaro umleitet. Im Vatikan schäumt man vor Wut, dass eine Frau und Glaubensfeindin es wagt, den Papst herauszufordern.

Gracia Nasi hat eine Wunschvorstellung: die Erschließung eines größeren Gebiets, in dem ihr Volk frei und unabhängig leben kann. Süleyman I. verpachtet ihr zu diesem Zweck Territorien bei Tiberias am Westufer des Sees Genezareth. Jüdische Siedler sollen hier sesshaft werden und sich der Seidenproduktion widmen.

Ihr Wunsch: ein Ort, wo ihr Volk frei und unabhängig leben kann

Um 1569 – die Aufzeichnungen ihrer letzten Lebensjahre sind lückenhaft – stirbt Gracia Nasi. Ihr Enkel Joseph Nasi ist inzwischen als Protegé der osmanischen Herrscher zum Herzog von Naxos aufgestiegen. Als engster Berater des neuen Sultans Selim II., mit Beinamen „der Trunkenbold", ist er damit beschäftigt, diesen mit Wein für seine ausschweifenden Feste im Topkapı-Palast zu beliefern.

Joseph Nasi verliert das Interesse am Siedlungsprojekt seiner verstorbenen Tante. Das Familienvermögen beginnt zu schwinden. Nur wenige Siedler haben sich bis nach Tiberias vorgewagt. Die wenigen beherzten Juden, die sich in dem unwirtlichen Landstrich niederlassen, werden von räuberischen Beduinen überfallen oder von Piraten als Galeerensklaven entführt. Die Maulbeerbäume, die den Seidenraupen Nahrung geben sollen, verkümmern wegen Wassermangels.

Es ist das Ende von Gracia Nasis utopischem Hilfsprojekt für ihr Volk. Ihr Traum eines unabhängigen jüdischen Staats, der erst mit der Gründung Israels Wirklichkeit werden soll, zerrinnt im Wüstensand.

Rob Kieffer, Jahrgang 1957, freier Journalist in Luxemburg, hat nachgeschaut, wer die Gracia Nasis von heute sind. Die Rangliste der reichsten Frauen wird angeführt von L'Oréal-Erbin Françoise Bettencourt-Meyers, gefolgt von Alice Walton aus der Walmart-Dynastie und Julia Flesher Koch, Erbin von Koch Industries.

Tricks und Gags

mare No. 161, „Eingriff in das System Ozean?“

Ihrem Bericht kann ich entnehmen, dass die Wissenschaft auf Teufel komm raus und mit Hochdruck Ideen und Modelle entwirft, deren Umsetzung eher in weiter Ferne sind. Jetzt sollen sogar die Ozeane herhalten, um die CO_2-Misere – und was alles noch dazugehört – zum Verschwinden zu bringen. Mit technischen Tricks und Gags wird alles darangesetzt, dass wir fröhlich weiterwursteln können, ohne auf die uns so ans Herz gewachsenen Gewohnheiten und Ansprüche verzichten zu müssen. Lösungen anzupacken, die mit rigorosen Einschränkungen unseres Konsumverhaltens einhergehen, scheuen wir wie der Teufel das Weihwasser. Es ist unglaublich, wie wir uns von der einen Abhängigkeit – übermäßiger Konsum von Kohle, Öl und Gas, auch Uran gehört dazu – in die nächste Abhängigkeit – alles elektrisch – manövrieren. Die Spatzen pfeifen es längst von den Dächern, dass die Menge des Elektroschrotts schon heute dramatische Ausmaße erreicht. Um den Klimawandel einzudämmen, müssen wir jetzt und sofort handeln. Ein Zuwarten und Vertrösten auf zukünftige und unsichere Technologien können wir uns nicht mehr leisten. Zusammengefasst lautet mein Credo: Handeln tut jetzt not, ein Hinauszögern ist ein Verbrechen an den folgenden Generationen. Ich bin sicher, mare hilft mit.

Kurt Koch, per E-Mail

Tragisches Unterfangen

mare No. 162, „Walprogramm“

Wir werden nie mit Walen reden. Die Wale selbst „reden“ auch nicht. Sie kommunizieren sehr wohl aber auf eine Weise, die uns Landbewohnern erst seit ein paar Jahren technisch möglich ist: Sie senden sich Bilder. Diese Hypothese wurde von Carl Sagan schon 1977 in „The Dragons of Eden“ in Umrissen skizziert. Der Mensch nimmt die Welt optisch wahr, kommuniziert aber akustisch. Er wechselt den Kanal; Input und Output erfolgen auf verschiedenen Wegen. Der Wal sieht akustisch und kommuniziert akustisch – er bleibt beim selben Medium. Das ist der entscheidende, fundamentale Unterschied und der Schlüssel zum Verständnis der Walkommunikation. Angenommen, ein Delfin sieht drei Fische und will das einem anderen mitteilen. Nichts leichter als das. Er imitiert das empfangene Sonarecho und gibt so sein eigenes Echobild weiter. Das kann er, denn er hat nicht nur eine hochpräzise Ultraschallwahrnehmung, sondern auch einen fantastischen Schallbild-Erzeugungsapparat, der in Stereo senden, Töne nur einseitig machen oder wandern lassen und nach neuesten Erkenntnissen sogar kontrollieren kann, welche aus der Reihe der natürlichen Obertonfrequenzen mitschwingen sollen. Das schließt natürlich nicht aus, dass es für sich wiederholende Situationen Kürzel und abstrahierte Piktogramme gibt. „Drei Fische“ würde dann in stark vereinfachter Form skizziert, möglicherweise auch im übertragenen Sinn für „Viel zu essen hier“. Die Fahndung nach den grundlegenden Einheiten, den Wörtern der Walsprache, gleicht dem tragischen Unterfangen, in einem chinesischen Text mit zigtausend verschiedenen Bildzeichen nach 26 grundlegenden Buchstaben zu suchen. Die im Walhirn fest verdrahtete Umwandlung einlaufender Ultraschallimpulse in eine räumliche Vorstellung bedingt, dass sich der Empfänger der Botschaft eines Artgenossen nicht fragt „Was soll das bedeuten?“. Er fragt sich: „Was soll das bloß sein?“ Für einen Delfin muss eine Schallsequenz, die zwar nicht im Mindesten aussieht wie das Echobild dessen, worauf der andere hinweisen will, die aber trotzdem genau das bedeuten soll, auf eine Behinderung schließen lassen. Die hier vorgestellte Hypothese lässt sich mit einem relativ einfachen Versuchsaufbau verifizieren, wenn auch mit Probanden, die etwas handlicher sind und von sich aus mehr aktives Interesse an der Mitarbeit zeigen als ausgerechnet Pottwale.

Michael Lewy,
Frankfurt am Main

Wir freuen uns über Ihre Briefe, müssen uns aber Kürzungen vorbehalten.
mare Leserbriefe,
Pickhuben 2,
20457 Hamburg,
mare@mare.de

Mein Hooge, *34.*

Unser Kolumnist reiste als Jugendlicher achtmal nach Hooge. Jetzt, nach 30 Jahren, erkundet er die Hallig erneut, als Erwachsener, als Stadtmensch, mit tausend Fragen im Gepäck – diesmal über den Job des Halliglehrers

Text: Jan Keith
Illustration: Orlando Hoetzel

LEHRER KÖNNEN EINEM MANCHMAL SCHON LEIDTUN. Ich erinnere mich noch gut an Herrn G., meinen Chemielehrer am Kölner Gymnasium, das ich besuchte. Ein junger Mann, fachlich kompetent. Doch weil Herr G. in etwa so Respekt einflößend war wie der Zwerghamster meiner Tochter, scheiterten all seine Bemühungen, uns für Chemie zu begeistern.

Stattdessen herrschte reinstes Chaos im Klassenzimmer. Mitten im Unterricht wurden ausufernde Federmäppchenschlachten geführt, die Mädchen mit nassen Tafelschwämmen beworfen oder lautstarke Gitarrenkonzerte veranstaltet (meine Schule war ein Musikgymnasium).

So ging das jahrelang. Der arme Herr G.

Hätte er es an einer kleinen, beschaulichen Schule wie der auf Hallig Hooge leichter gehabt? Nicht unbedingt. Auf Hooge gibt es üblicherweise nur einen einzigen Lehrer – und der hat mit ganz eigenen Problemen zu kämpfen.

Das fängt schon damit an, dass seine Schule mit derzeit elf Schülern eigentlich gar keine Schule ist. Im Schleswig-Holsteinischen Schulgesetz sind die Mindestgrößen nämlich klar formuliert: 80 Schüler für die Grundschule, 240 für die Gemeinschaftsschule. Daher läuft die Halligschule nur als „eigenständige Unterrichtseinrichtung“ mit einer „Lerngruppe“. So formuliert es Paragraf 46. Für mich klingt das wie ein Downgrade auf Beamtendeutsch.

Dabei blickt die Hooger Schule auf eine lange Geschichte zurück. Zum ersten Mal urkundlich erwähnt wird sie im Jahr 1720. Gut zwei Jahrzehnte später, 1743, trat Paul Feddersen die Stelle als Hooger Halliglehrer an. Er übte diese Tätigkeit 44 Jahre lang aus, bis 1787 – und ist bis heute der Lehrer mit der längsten Amtszeit.

Feddersen und seine Nachfolger bekamen für ihre Arbeit keine feste Besoldung. Ihr Lohn richtete sich nach der Anzahl der Schüler. Es dürften – mangels Schulpflicht – nicht allzu viele gewesen sein. Die meisten Hooger Jungen fuhren im 18. und 19. Jahrhundert bereits mit zwölf zur See. Wer daheimblieb, half auf dem elterlichen Hof aus und ging allenfalls im Winter zur Schule.

Vielen Hoogern war Bildung auch schlicht zu teuer. Lesenlernen kostete damals ein Schilling (ungefähr so viel wie ein Kilo Weizen) pro Kind pro Woche, Schreibenlernen eineinhalb Schilling. Für Rechnen- und Lesenlernen zusammen gab es immerhin Rabatt – dann waren nur zwei Schilling fällig.

Vierteljährlich ging der Schulvorsteher von Haus zu Haus, um die Gebühren einzusammeln. Allerdings nicht immer mit Erfolg. So musste im Schuljahr 1811/12 Halliglehrer Henning Jensen das Schulgeld von sieben Eltern einklagen. Selbst wenn mal alle pünktlich zahlten, reichte das Geld kaum zum Leben. Oft sah der Lehrer sich gezwungen, sonntags beim Gottesdienst mit einem eigenen Klingelbeutel herumzugehen. Was für eine Demütigung.

Hinzu kamen die katastrophalen Zustände in der Schule selbst. Nicht selten war das Schulgebäude so heruntergekommen, dass der Lehrer den Unterricht bei sich zu Hause abhalten musste. Oder der Pastor zeigte Erbarmen und ließ die Klasse in sein Pastorat.

Die Situation verbesserte sich erst, als Hooge ab 1865 preußisch wurde. Ein neues Schulgebäude auf der Ockelützwarft brachte zumindest ein Minimum an Komfort. Und ab 1897 – das Schulgeld war bereits abgeschafft – bekam der Lehrer sogar eine anständige Besoldung vom preußischen Staat.

Auch gesellschaftlich ging es aufwärts. Lehrer auf Hooge zu sein fühlte sich nicht mehr als Strafe an, sondern brachte Anerkennung. „In meiner Zeit gehörte der Lehrer neben dem Pfarrer und dem Bürgermeister zu den Respektspersonen auf Hooge“, erinnert sich ein Hooger, der in den 1950er-Jahren auf die Halligschule ging. Günter Schirrmacher, Halliglehrer in den 1960ern, brachte es sogar bis zum Hooger Bürgermeister.

Und heute? Heute steht Anja Ley, 59, Tag für Tag im einzigen Klassenraum der Schule. Es ist ihr erstes Schuljahr auf Hooge. „Die ersten Monate waren eine schwierige Phase“, sagt sie. Als Neuhoogerin, zugezogen aus Glinde bei Hamburg, muss sie sich erst den Respekt der Alteingesessenen erarbeiten.

Den Respekt der Schüler – von Klassenstufe eins bis neun – aber hat sie schon, davon konnte ich mich selbst überzeugen. Keine Federmappenschlachten, keine fliegenden Tafelschwämme. Einfach nur freundliche Kinder, ruhig und diszipliniert.

Ob sie es auch bei Herrn G. wären?

ADELBERT VON CHAMISSO

Von Matthias Glaubrecht

Oben **Palmenart aus Brasilien,** *Cocos romanzoffiana Cham.*, **heute zur Gattung** *Syagrus* **gestellt**

DER VIELBEGABTE

Der Mann, den die Welt als Dichter der Romantik kennt, war auch ein wissbegieriger Naturforscher. Von seiner dreijährigen Weltumsegelung brachte er Tausende von Pflanzen mit – und Erkenntnisse, die seiner Zeit weit voraus waren

Oben Tschuktschen, indigene Bewohner der ostsibirischen Tschuktschenhalbinsel

Durch eine Kette glücklicher Umstände und dank der Empfehlung einflussreicher Freunde gelingt es Adelbert von Chamisso, als Naturforscher, oder „Titulargelehrter", wie es offiziell heißt, in Kopenhagen an Bord der von Sankt Petersburg kommenden russischen Brigg „Rurik" zu gehen. Auf ihr umsegelt er, unter dem Kommando des jungen baltischen Kapitäns Otto von Kotzebue, von August 1815 bis September 1818 die Welt. Zuvor hat Chamisso, wie er später in seiner Reiseerinnerung schreibt, „in meinem Leben noch kein Schiff bestiegen"; dennoch wird die russische Expedition „ein Hauptstück meiner Lebensgeschichte". Die „Rurik" wird gleichsam zu Chamissos Siebenmeilenstiefeln, die Reise zur langersehnten Wunscherfüllung. „Ich schaute, freudiger Tatkraft mir bewusst, in die Welt, die offen vor mir lag, hinein, begierig in den Kampf mit der geliebten Natur zu treten, ihr ihre Geheimnisse abzuringen."

✦

Chamisso, der in jungen Jahren mit seiner adeligen Familie in der Französischen Revolution aus seiner Heimat in der Champagne vertrieben worden war, hatte in Berlin als Page von Königin Friederike Luise gedient, später als Leutnant der preußischen Armee. Dann indes irrt der heimatlose Grafensohn jahrelang zwischen Frankreich und Preußen herum, das zu allem Überfluss gegen Napoleon in den Krieg zieht. Nach ziellosem Umherwandern, unter anderem im Gefolge der ins Genfer Exil verbannten Schriftstellerin Germaine de Staël, schreibt Chamisso sich im Herbst 1812 an der Berliner Universität ein, um Medizin und Naturforschung zu studieren. Die Universitätszeit beendet nicht nur das Migrantenleben des sich bis dahin als Poet versuchenden Chamisso; sie wird zum biografischen Wendepunkt und Beginn seiner bemerkenswerten Karriere als Naturforscher.

Bis dahin ist Chamisso vor allem Autor der fantastischen Novelle „Peter Schlemihl's wundersame Geschichte", sein bis heute erfolgreichstes Werk. Es ist die eindrückliche Erzählung um den faustischen Handel eines Mannes, der dem Teufel seinen Schatten gegen ein unerschöpfliches Geldsäckel verkauft und dafür als geächteter Außenseiter büßen muss. Trost findet er schließlich darin, als gelehriger Schüler Linnés auf der Suche nach Pflanzen die Erde zu umrunden. „Ich habe, soweit meine Stiefel gereicht, die Erde […] gründlicher kennen gelernt, als vor mir irgendein Mensch."

Die Novelle entstand im Sommer 1813 in Kunersdorf im Oderbruch, damals knapp eine Tagesreise östlich von Berlin. Auf Anraten wohlmeinender Freunde war der geborene Franzose und Wahlpreuße Chamisso als Hauslehrer auf das Landgut des Grafen von Itzenplitz gekommen, um während der Befreiungskriege gegen Napoleon nicht zwischen die Fronten zu geraten. In seiner Erzählung wird er mit seinem Schlemihl eins und begibt sich zum ersten Mal auf Weltreise. „Durch frühe Schuld von der menschlichen Gesellschaft ausgeschlossen, ward ich zum Ersatz an die Natur, die ich stets geliebt, gewiesen, die Erde mir zu einem reichen Garten gegeben, das Studium zur Richtung und Kraft meines Lebens, zu ihrem Ziel die Wissenschaft." Nicht nur gleicht die Gestalt des Schlemihl bis aufs Haar seinem Schöpfer; was Chamisso ihm in die Feder diktiert, trifft idealtypisch auf sein großes Vorbild zu: Alexander von Humboldt. An ihm will er sein Leben ausrichten.

Chamisso kennt nicht nur die Schriften Humboldts. Anfang 1810 ist er ihm während eines Aufenthalts in Paris im dortigen Kreis deutscher Literaten und Gelehrter vorgestellt worden. Humboldt habe in Paris mit seinen Berichten von „der Tropennatur, den Llanos, den Anden, der fremden Physiognomie einer uns unbekannten Schöpfung" auf ihn nachhaltigen Eindruck gemacht, so Chamisso in einem Brief. So wie einst der junge Humboldt die Reiseschilderung des Georg Forster verschlang, nach eigenem Bekunden „der hellste Stern seiner Jugend", so wird dank Humboldt auch Adelbert von Chamissos Blick schon Jahre vor seiner eigenen Weltumsegelung auf fremde Kontinente gelenkt und sein Interesse an fremden Ländern, ihren Kulturen und Naturerscheinungen geweckt. Bis ins Detail gleicht die Reiseroute seines Peter Schlemihl jenen Reiseplänen, von denen Humboldt Chamisso in Paris berichtet hat. Und in einem Brief vom Sommer 1812 schreibt er, wie er bei der Lektüre von Reiseberichten Lust daran empfinde, „Zeit und Raum in Gedanken zu durchschwärmen". Im Jahr darauf bringt er die gedankliche Reiselust in Schlemihls Geschichte zu Papier. Mit dessen Figur skizziert Chamisso sein Wunschbild jenes Naturforschers, der er selbst gern wäre – ein Botaniker, der von seinen Wanderungen über weite Kontinente und Meere überreiche Sammelausbeute nie gesehener Pflanzenspezies einbringt, wie es ausklingend im „Schlemihl" heißt.

Als Adelbert von Chamisso im September 1818 von einer dreijährigen Reise um die Welt an Bord des russischen Kriegsschiffs „Rurik" nach Sankt Petersburg zurückkehrt, eilt ihm sein Ruf als Verfasser des „Schlemihl" voraus. Die Erzählung hat sich in halb Europa herumgesprochen und ihn berühmt gemacht. „Die Kinder laufen mir nach dem Schatten", erzählt Chamisso, „in Kopenhagen, St. Petersburg, Reval ist unberufen Schlemihl da, so bei den Deutschen am Cap – aus Leihbibliotheken wird er

Adelbert von Chamisso auf einem Stich von Robert Reinick, um 1831

regelmäßig gestohlen, und keine Zeitung hat ihn je angekündigt oder genannt. Er hilft sich so selbst durch."

✦

Die „Rurik" trägt Chamisso, mit 34 Jahren der Älteste an Bord, von der Küste Englands zu den Kanaren, weiter durch den Atlantik nach Brasilien, um das Kap Hoorn nach Chile und in die Südsee, nach Hawaii und in den Ratakarchipel, die heutigen Marshallinseln. Mit ihr gelangt Chamisso nach Kamtschatka und Kalifornien, bevor sich die Expedition über die Aleuten und Alaska jenseits der Beringstraße auf die Suche nach der vermuteten Nordostpassage macht, dem eigentlichen Reiseziel. Zwar wird jene arktische Schiffspassage auch diesmal nicht gefunden. Doch gelingt es Chamisso – trotz widriger Umstände, des Desinteresses des Kapitäns und der Ignoranz der Mannschaft –, eine umfangreiche Sammlung an zoologischen und vor allem botanischen Fundstücken zusammenzutragen, darunter 2500 Pflanzenarten aus Regionen, die zuvor noch nie

Lesen Sie bitte weiter auf Seite 102

Rechts **Blick auf die Berge am Fluss Biobío nahe der Stadt Concepción in Chile**

Unten **Ein Seehund aus den Gewässern der Beringstraße**

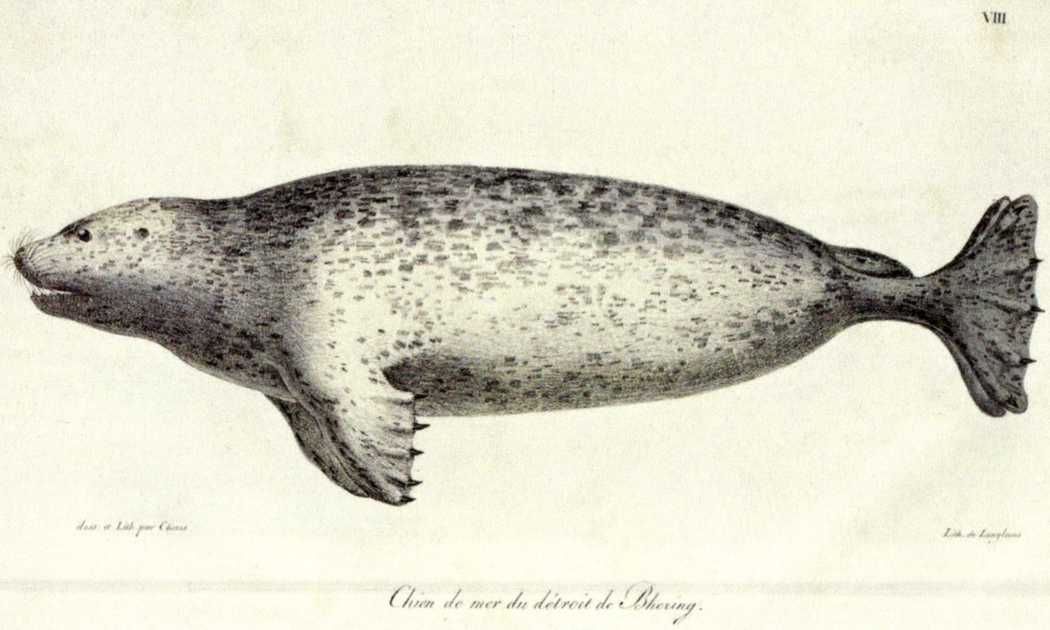

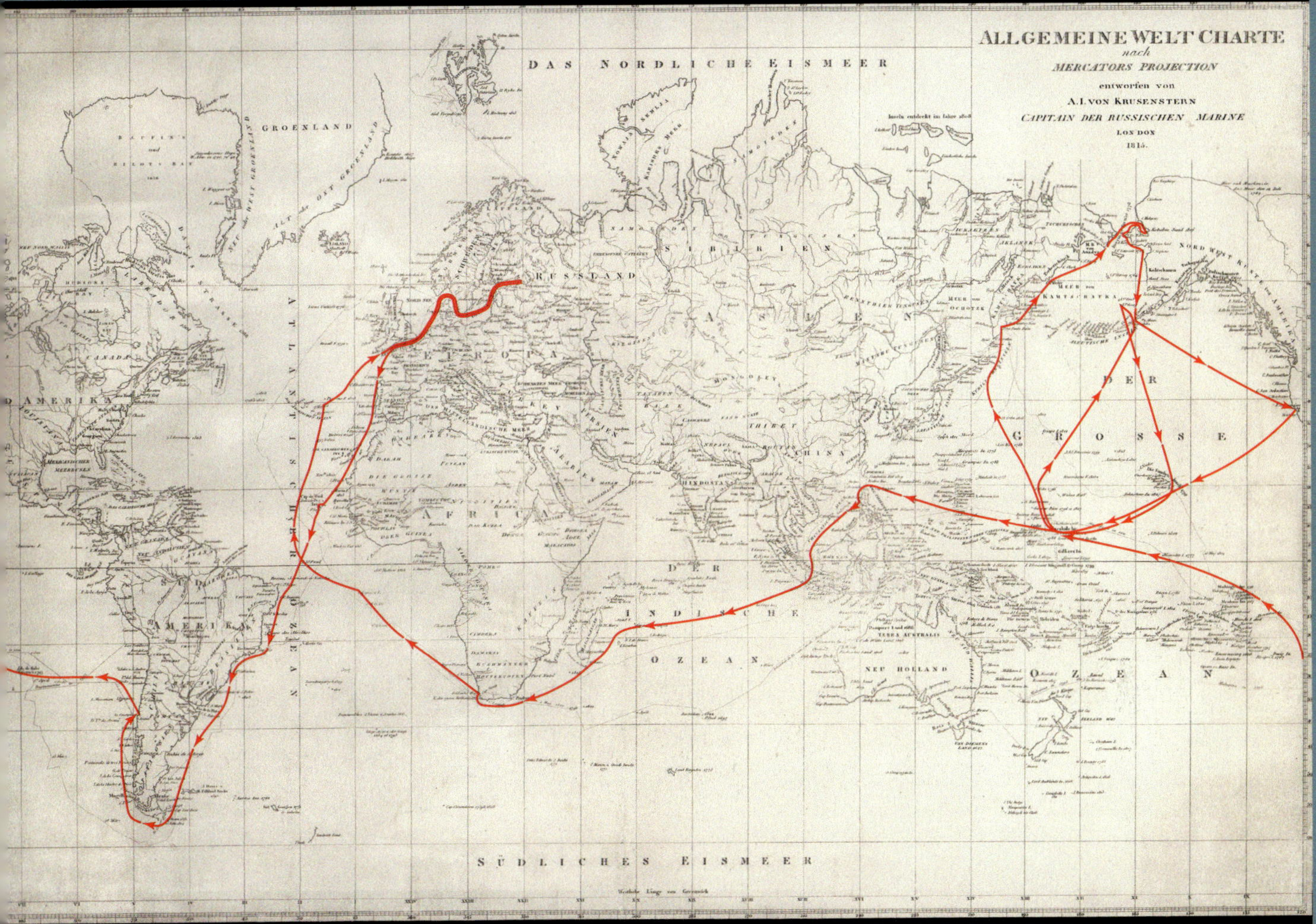

Oben **Die Route der „Rurik", eingezeichnet auf einer Weltkarte von 1815**

Links **Ein Boot der Karolineninseln im westlichen Pazifik**

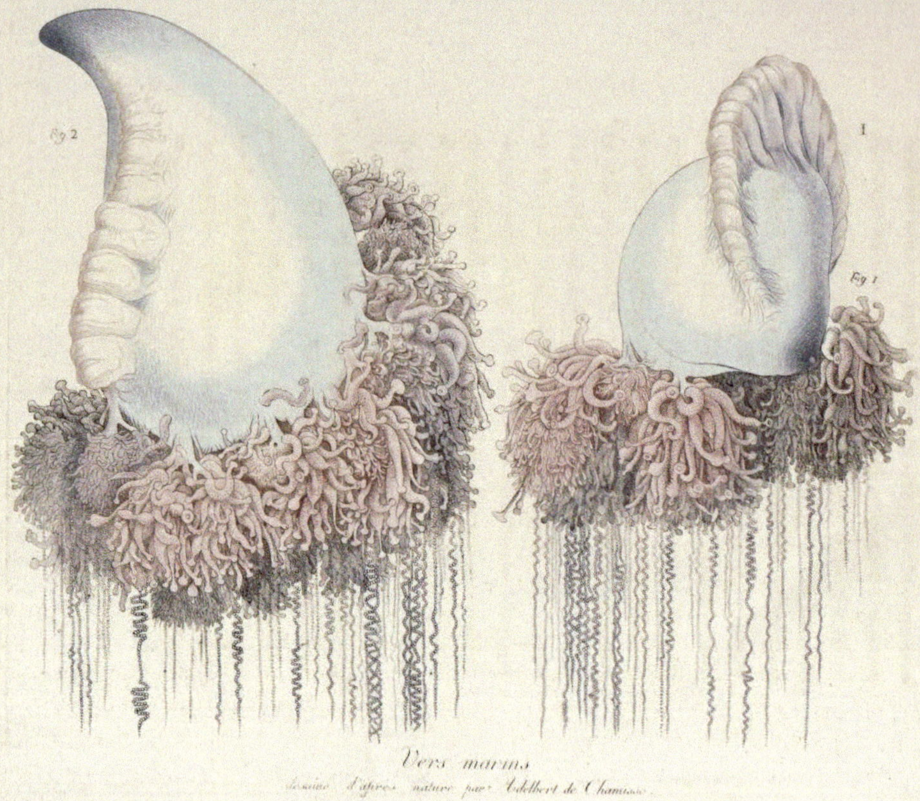

Staatsquallen, *Siphonophorae*, gezeichnet nach der Natur von Adelbert von Chamisso

bereist worden waren. Und so erweist sich, lange verkannt und heute meist vergessen, Adelbert von Chamisso als einer der brillantesten Naturforscher seiner Zeit.

Denn während der Reise kommt er dank akribischer Beobachtungen von Meerestieren zu grundlegenden Einsichten der Zoologie: Er entdeckt den Metagenese genannten Generationswechsel bei Tieren. Mit dem Expeditionsarzt Johann Friedrich von Eschscholtz untersucht Chamisso während tagelanger Windstille vor Teneriffa und an weiteren Stationen im Atlantik, Pazifik und Indik die Entwicklungsstadien von Salpen, frei im Meer schwimmende, filigrane Wirbellose. Zoologisch heute zu den Manteltieren (oder *Tunicata*) gestellt, sind sie stammesgeschichtlich nächst verwandt mit jenen Tieren, die eine versteifte Wirbelsäule tragen, vom Fisch bis zum Menschen also.

An den Salpen entdeckt Chamisso erstmals, dass sich eine geschlechtlich fortpflanzende Elterngeneration mit einer ungeschlechtlich reproduzierenden Tochtergeneration abwechselt, die zudem höchst unterschiedlich aussehen kann. „Es ist, als gebäre die Raupe den Schmetterling und der Schmetterling wiederum die Raupe.“ Doch anders als bei der Metamorphose der Insekten sind bei der Metagenese der Salpen nicht nur Individuen, sondern ganze Generationen betroffen.

✦

Chamissos bereits während der Reise auf Latein verfasste Schrift „De Salpa“ trägt ihm nach der Rückkehr die Doktorwürde der Berliner Universität ein. Kaum ein Wissenschaftler allerdings mag ihm anfangs glauben. Für die einen sind seine Beobachtungen an den Salpen zu kompliziert, für andere zu oberflächlich. Gern werden sie als dichterische Fantasie abgetan, er selbst als wissenschaftlicher Märchendichter verspottet. Chamisso, der als Naturforscher wahrgenommen werden will, wehrt sich: „Ich habe wohl in meinem Leben Märchen geschrieben, aber ich hüte mich, in der Wissenschaft die Phantasie über das Wahrgenommene hinaus schweifen zu lassen."

Dass seine Salpenstudie tatsächlich „etwas Neues setzt", wie Chamisso bemerkt, entdecken Meeresbiologen erst Jahrzehnte später, als sie Ähnliches auch an Quallen beobachten. Heute kennen Zoologen den von Chamisso erstmals an Salpen entdeckten Generationswechsel zudem von Eingeweidewürmern und anderen Parasiten auch des Menschen. Seine Abhandlung, nur in geringer Auflage gedruckt, ist heute nur noch in wenigen Exemplaren erhalten. Die Originalstücke jener Salpen aber, die Chamisso einst studierte und als neue Arten beschrieb, wurden unlängst im Berliner Naturkundemuseum wiederentdeckt.

Zu Lebzeiten viel diskutiert, wurde die Bedeutung von Chamissos zahlreichen Beobachtungen während der Weltreise – neben dem Lebenszyklus mariner Meerestiere auch zu Bau und Entstehung von Korallenriffen oder der biologischen Bedeutung von Arten – später kaum noch gewürdigt. Dabei hat Chamisso auf originelle Weise erstmals sogar Kenntnisse über große Wale zusammengetragen. Weil diese sich schlecht auf einem Segelschiff mitbringen lassen, ließ er im Sommer 1816 und 1817 auf den Aleuten einheimische Fischer faustgroße Holzmodelle schnitzen. Sechs von ihnen zählen heute zu den besonderen Schmuckstücken im Berliner Naturkundemuseum, zusammen mit knapp 300 Objekten, die Chamisso von der „Rurik"-Reise mitbrachte.

Den großen Meeressäugern widmete Chamisso später nicht nur eine weitere wissenschaftliche Studie. In seinem Reisebericht malte sich der Dichter sogar aus, ob Wale nicht – domestizierten Rentieren ähnlich – Schiffe über die Weltmeere ziehen könnten. Heute wird seine Walschrift, die er als „Cetaceorum maris Kamtschatici imagines" ebenfalls auf Latein verfasste, als ethnografisches Dokument gelesen, das zugleich von Chamissos Umgang mit fremden Kulturen zeugt. Denn auf einmalige Weise sammelt er darin alles, was Indigene über die von ihnen bejagten Tiere wussten. Seine Arbeit wird so zum Wissensspeicher über Kenntnisse und Umgang von Naturvölkern kurz nach dem Eindringen der vermeintlich „Zivilisierten" in ihre Welt.

Im Oktober 1818 kehrt Chamisso von seiner Weltumsegelung nach Berlin zurück, wo er sich fortan der wissenschaftlichen Auswertung seiner Sammlung widmet. Insbesondere sein reiches Herbar mit mehr als 2500 exotischen Pflanzen verschafft ihm 1819 eine Anstellung als Kustos am Königlichen Botanischen Garten zu Berlin und sichert ihm Anerkennung unter seinesgleichen. Im selben Jahr heiratet er und lebt, umgeben von einer Kinderschar, ein zurückgezogenes Leben. So findet er Muße, sich wieder mehr als Lyriker zu betätigen. Nach Goethe und Uhland wird Chamisso zu einem der meistgelesenen Autoren der Romantik und bedeutenden Dichter deutscher Sprache.

Am Ende seines Lebens schreibt er seine „Reise um die Welt", eine bis heute literarisch ansprechende Schilderung einer der letzten wahren Entdeckungsreisen dieses Zeitalters. Bereits kurz nach seiner Rückkehr von der „Rurik"-Expedition seien die Länder schon nicht mehr so, wie er sie gesehen habe, notiert er. „Wir bringen ein Bild der Vergangenheit dar." Über das 1836 erschienene, nachträglich zum Tagebuch stilisierte Werk urteilt Alexander von Humboldt in einem Brief an ihn: „Diese Weltumsegelung, schon veraltet, hat durch Ihre Individualität der Darstellung den Reiz eines neuen Weltdramas erhalten."

Zu Chamissos poetischer Schilderung der Südsee und der Arktis, ihrer Tier- und Pflanzenwelt sowie ihrer Bewohner gesellen sich in der im Folioformat 2012 neu aufgelegten Ausgabe sämtliche erhaltene 150 Illustrationen des Zeichners Ludwig Choris, der Chamisso auf der Weltreise an Bord der „Rurik" begleitete – ein lange ungehobener Schatz. Denn die zwei Bände, in denen Choris nach seiner Rückkehr 1822 und 1826 in Paris seine Zeichnungen und Skizzen veröffentlichte, zählen zu den Raritäten selbst großer Nationalbibliotheken und waren mithin nicht mehr verfügbar; in Deutschland gibt es diese Werke nur ein- oder zweimal.

Bereits sein erster Biograf, der Berliner Naturforscher Emil du Bois-Reymond, hat Chamisso als eine der „seltensten literarischen und wissenschaftlichen Gestalten" gewürdigt. Heute ist seine faszinierende Vielseitigkeit kaum noch bekannt. Mehr noch als Goethe oder Forster besaß Chamisso eine schriftstellerische, poetische Begabung und zugleich die Neugier und den Drang zur Naturkunde. Er steht damit nicht nur zwischen den Zeiten, zwischen Aufklärung und Romantik, zwischen Royalisten, Revolution und Republik. Er steht auch zwischen den Disziplinen und Kulturen, die freilich zu seiner Zeit noch nicht scharf und unüberbrückbar getrennt waren. Adelbert von Chamisso, der am 21. August 1838 in Berlin starb, gibt es deshalb im Grunde gleich zweimal: als empfindsamen Lyriker und Dichter, aber auch als originellen Naturforscher. In jedem Fall ist er, wie sein Vorbild Humboldt, ein vielseitig begabtes Ausnahmetalent.

Autor und Zoologe Matthias Glaubrecht ist Gründungsdirektor des Centrums für Naturkunde der Universität Hamburg. Am Berliner Naturkundemuseum hat er sich auf Spurensuche nach den naturkundlichen Objekten Chamissos begeben und dessen Reisebericht neu herausgegeben.

Alle Illustrationen stammen von Chamissos Reisebegleiter Ludwig Choris.

Der magische Moment: Mathijs Deen (links) mit seinem Bruder am Strand

MATHIJS DEEN

ALS ICH ZUM ERSTEN MAL DAS MEER SAH …

Unser Autor hat das zu Lebzeiten stets verschlossene Diaarchiv seines Vaters geöffnet. Und ein Foto gefunden, das in ihm eine gewaltige Welle der Erinnerung auslöste

ZUM ERSTEN MAL GESEHEN HABE ICH DAS MEER an der Südküste Englands. Es war der Sommer 1970, ich war noch sieben. Mein Vater, der im Urlaub fast ausschließlich Landschaften und Baudenkmäler fotografierte, machte für diesen Moment eine Ausnahme. Er hob die Kamera, die er zweifellos um den Hals trug, und hielt das Ereignis auf Diafilm fest.

Ich habe meine Mutter im Verdacht, meinen Vater angestoßen und ihm zugeflüstert zu haben, dass er dieses Foto machen sollte. Sie wusste, dass ich mich danach gesehnt hatte, das Meer zu sehen, obwohl Boekelo, das Dorf, in dem ich aufwuchs, weit von der Küste entfernt liegt und niemand bei uns zu Hause jemals Geschichten vom Leben auf See erzählte. Ein Bruder meiner Mutter war zur See gefahren, allerdings, bevor ich zur Welt kam. Er war Milchhändler geworden und ziemlich schweigsam.

Vermutlich wurde meine Sehnsucht nach dem Meer durch „De hondenmatroos“ geweckt, die niederländische Ausgabe eines amerikanischen Kinderbuchs mit dem Titel „Scuppers, the Sailor Dog“, geschrieben von Margaret Wise Brown und vor allem warmherzig illustriert von Garth Williams. Es erzählt die

Geschichte des Hundes Skipper, der aus der ländlichen Welt seiner Jugend zwischen Kühen und Heuballen ausbricht. Skipper will zur See fahren, schnürt sein Bündel, reist mit der Eisenbahn zu einem Hafen, findet dort eine Segelyacht, fährt allein aufs Meer hinaus, sucht auf hoher See, auf dem Bugspriet balancierend, mit einem Fernrohr den Horizont ab, schläft zusammengerollt in seiner Koje, wie nur ein Hund schlafen kann, gerät in einen Sturm, erleidet Schiffbruch, wird auf einer kleinen Insel angespült, baut sich aus Treibholz eine Hütte, repariert sein Boot, setzt die Reise fort und steuert exotische Häfen an.

Unzählige Male habe ich das Büchlein durchgesehen, vor allem abends im Bett. Draußen rauschte der Wind in den Bäumen, in stillen Nächten riefen Waldkäuze einander zu, doch ich, verzaubert von den Zeichnungen, war in einer Welt weit entfernt von den Wäldern und Eulen. Alles in dem Buch fand ich schön: das grüne Meer, den gelben Südwester auf Skippers Kopf, die weiße Gischt am Bug, die pendelnde Öllampe unter Deck, Skipper in seiner Koje, sogar der Schiffbruch hatte etwas Verlockendes. „Stürme und Haie machen mich nicht bang", sang der Hundematrose, „ich bleibe ein Seemann mein Leben lang."

Dass wir in den Sommerferien 1970 mit dem Schiff nach England fahren wollten, erfüllte mich mit freudiger Erwartung: Wie Skipper würde ich in See stechen. Ich würde das Wasser am Bug schäumen sehen.

Doch die Wirklichkeit war dann anders als das, was Skipper widerfahren war. Wir erreichten den Hafen von Ostende mitten in der Nacht, und bevor der Tag richtig anbrach, waren wir schon auf einer Luftkissenfähre unterwegs. Auf See regnete es, die Scheiben waren beschlagen, frei bewegen durfte man sich nicht, wir schwebten über den Wellen, ich sah nur Gischt, spürte nichts vom Seegang.

Der Ankunftstag war schon halb vorbei, als ich zum ersten Mal dem Meer wirklich von Angesicht zu Angesicht gegenüberstand. Neben mir mein ältester Bruder. Er zeigte, ich schaute.

Ich fand das Foto während eines Besuchs bei meiner Mutter wieder, als ich das Heiligtum der väterlichen Diasammlung durchstöberte.

Als mein Vater noch lebte, war es verbotenes Terrain, doch er ist 2010 gestorben, und seitdem warteten die Kästen voller Dias im Dunkel eines alten Schranks wie in einer Pyramidenkammer auf den Jüngsten Tag. Als ich den Schrank öffnete, war es, als würde ich ein Siegel aufbrechen, das Sterbliche nicht berühren sollten. Die Tür öffnete sich quietschend, ein kalter Lufthauch entwich, und im Innersten ruhten die Dias noch genau so, wie mein Vater sie vor einem halben Jahrhundert beigesetzt hatte. „England 1970" stand in seiner Handschrift auf einem der Kästen. Vorsichtig – wahrscheinlich, um jede Beunruhigung zu vermeiden – hob ich ihn von seinem Platz, zog die Magazine heraus und hielt die Dias eins nach dem anderen gegen das Licht.

Hügel, Küsten, Flusstäler, Felsmassive, Burgen, Kathedralen.

Jedes Dia stellte ich genau so zurück, wie ich es dem Magazin entnommen hatte: auf dem Kopf, seitenverkehrt.

Und dann plötzlich dieses eine Dia. Als ich das Abgebildete sah, winzig im Licht der durchs Dachfenster scheinenden Nachmittagssonne, erkannte ich es sofort. Ich suchte im Schrank nach dem Diabetrachter, fand ihn hinter den Kästen, schob das Dia hinein, visierte wieder das Licht an. Das Bild hatte einen Blaustich bekommen, Staubteilchen hatten sich auf dem Zelluloid festgesetzt, dennoch stürzte ich ein halbes Jahrhundert zurück durch die Zeit und landete auf einem Kieselstrand neben meinem großen Bruder Jan-Willem.

Er hält meinen Oberarm. Ich spüre wieder die Wärme seiner Hand.

Mein Vater hat das Foto offenbar hastig gemacht, denn der Horizont ist schief. Natürlich ist ihm diese Unvollkommenheit beim Einrahmen aufgefallen, trotzdem hat er das Dia nicht weggeworfen wie andere, die er als misslungen empfand. Anscheinend war ihm hier doch etwas gelungen, was den schiefen Horizont nicht so wichtig erscheinen ließ. Er hatte einen Moment im Leben seines ältesten und seines jüngsten Sohnes eingefangen, einen Moment, der trotz der fehlerhaften Bildkomposition in sein Heiligtum aufgenommen werden durfte. Was mich besonders rührte, als ich das Dia im Betrachter sah, war nicht der Augenblick, in dem ich als Siebenjähriger zum ersten Mal das Meer sah, nicht einmal mein großer Bruder, der meinen Arm hielt, sondern dieser schiefe und trotzdem bewahrt gebliebene Horizont.

Ich würde mich gern erinnern, welchen Eindruck das Meer auf mich gemacht hat, während ich auf den Kieseln in die Brandung schaute, aber meine Erinnerung ist zu verschwommen. Wenigstens weiß ich, dass es in der Nähe von Hastings war. Das heißt, meine Mutter weiß das noch. Hastings, erzählte sie, war das erste Ziel am ersten Urlaubstag. Und an diesem ersten Urlaubstag ist das Foto entstanden, auch daran erinnert sie sich noch. War sie es, die meinen Vater dazu angespornt hat, das Foto zu machen? „Das weiß ich nicht mehr … Vielleicht dachte er ja selbst, es wäre eine gute Idee, dieses Dia zu machen … Stellst du alles wieder richtig an seinen Platz?"

Eine Welle bricht, mein Bruder zeigt, ich schaue. Auf dem Dia ist nicht zu sehen, dass er zeigt, sein rechter Arm ist für das Kameraauge hinter seinem Körper verborgen, aber daran erinnere ich mich noch.

„Sieh mal, die Welle", sagt er.

„Da."

Ich habe die Hände halb zu Fäusten geballt. Anscheinend finde ich den Moment spannend.

Ich legte das Dia zur Seite, schob das Magazin wieder in den Kasten, stellte den Kasten zurück und schloss den Schrank. Das Dia nahm ich mit nach Amsterdam, um es zu scannen. Als ich das Bild auf meinem Monitor eine Weile angestarrt hatte, kehrte eine andere Erinnerung zurück: dass ich damals am Strand bei Hastings ein bisschen enttäuscht gewesen war. Das Meer war nicht grün, sondern grau, auch der Himmel war grau, es war kalt, Regen kündigte sich an. Wohin sollte ich schauen? Wie konnte ich das hier bezwingen?

Ich war herrschsüchtig wie jeder Siebenjährige, der glaubt, dass die Welt für ihn geschaffen wurde, doch diese rastlose Einöde aus Wasser war nicht nur zu groß für mich, ihr fehlten auch markante Eigenschaften, die dem Blick Halt boten. Sie erstreckte sich bis zum Horizont. Die halbe Welt nahm sie ein.

„Sieh mal, da", hatte mein Bruder gesagt. Nicht: hier. „Da."

Vermutlich spürte ich, dass meine eigene Welt nicht weiter reichte als bis zum Flutsaum, diesem ruhelosen Streifen Strand, an dem das Meer anfing. Und dass ich auf das Meer selbst keinen Einfluss hatte. Ich sah, wie die Wellen anrollten, sich auftürmten und zu brausendem Wasser zerfielen, das knapp vor meinen Stiefeln mit einem lang gezogenen Zischen zwischen den Kieseln verschwand. Ich hob einen Stein auf und warf ihn in die Brandung. Keine Kräuselung, nicht einmal ein leises Platschen.

Wer einen Stein ins Meer wirft, könnte ihn genauso gut in irgendeine Aussicht werfen. Die Aussicht bleibt unberührt, das Meer bleibt das Meer.

Nach diesem ersten Kennenlernen verging etwa ein Jahrzehnt, bis mir die Bedeutung all dessen bewusst wurde. Ich war 17 und so niedergeschlagen, dass ich nicht mehr wusste, was ich machen sollte. „Ich gehe nicht zur Schule", sagte ich zu meiner Mutter. „Ich fühle mich krank, ich will ans Meer."

„Dann fahr doch nach Vlieland", sagte sie.

Ich radelte zum Bahnhof von Hengelo, fuhr mit dreimaligem Umsteigen nach Harlingen, von wo es mit dem Fährschiff „Oost-Vlieland" weiterging. Die Insel kam erst nach einer halben Stunde in Sicht. Außer mir war kaum jemand an Bord. Von der Pension, in der ich unterkam, ist mir das kleine, überheizte Zimmer im Gedächtnis geblieben. Vor dem Fenster hing eine Gardine, die mir die Aussicht auf die Rückseite von Neubauten am Rand des Dorfs nahm. Es war Winter, Vlieland hatte noch nicht viel Gastronomie, und die paar Cafés, die es gab, waren geschlossen. Das Dorf war wie ausgestorben. Weil es zu kalt war, um sich lange draußen aufzuhalten, lag ich stundenlang in dem engen Zimmer auf dem Bett und beobachtete, wie vor der Gardine das Nachmittagslicht abnahm und die Nacht kam.

Mein Trübsinn vertiefte sich.

Als endlich der Morgen angebrochen war, schien eine blasse Sonne durch die Gardine. Ich bekam ein Frühstück, ich war der einzige Gast in der Pension. Kurz darauf, nachdem ich vom Dorf in Richtung Meer gegangen war, einen Dünenweg hinauf, und im Schutz eines Waldrands an einen Baum gelehnt übers Watt blickte, wurde mir zum ersten Mal die vollkommene Gleichgültigkeit des Meers bewusst. Dass ich auf der Insel war, dass die Nacht kein Ende hatte nehmen wollen, dass die Sonne schließlich doch aufgegangen war, dass sie auch wieder untergehen würde, dass die Krone des Nadelbaums über mir in einer Windbö rauschte, dass die Morgensonne die Borke des Stamms leicht erwärmt hatte, dass die Fähre erst am Nachmittag zum Festland zurückfahren würde, dass meine Mitschüler zur gleichen Zeit im Klassenraum saßen, dass ich nicht bei ihnen, sondern hier war, dass Ferien gekommen und gegangen waren, dass meine Großeltern gestorben waren, dass auch ich irgendwann sterben würde, dass ich manchmal trübsinnig war und manchmal nicht, all das war bedeutungslos.

„Sieh mal, da" hatte mein Bruder gesagt.

Und so ist es. Das Meer ist niemals hier, immer da. Außerhalb von mir, außerhalb der Zeit; anderswo, unveränderlich, unantastbar, überall dasselbe.

Ich habe das Meer an sehr vielen verschiedenen Orten gesehen, und was ich von diesen Orten im Gedächtnis behalten habe, ist nie das Meer selbst. Woran ich mich erinnere, sind die angeschwemmten Baumstämme am Strand der Tasmansee in Neuseeland, der wogende Seetang in den glasklaren Wellen an der Südküste Islands, der schwarze Strandsand von Stromboli, der weiße Strandsand von Bornholm, das vorbeiziehende Rudel streunender Hunde nachts an einem türkischen Strand am Schwarzen Meer, eine Familie jagender Grindwale in einer Bucht im County Kerry, ein schwimmender Seeotter bei Vancouver Island, der tote Seehund, den ich in Northumberland aus der Brandung in die Dünen schleifte und begrub.

Doch was ist das Meer selbst? Das dunkle Dröhnen der Wellen an einem portugiesischen Strand? Die Flut, die schneller, als ein Pferd rennen kann, die Sandbänke zwischen dem Mont-Saint-Michel und dem Festland in Besitz nimmt? Der Seegang, der die Fähre zwischen den Hebrideninseln Mull und Iona abwechselnd hochschleuderte und abwärtsriss, sodass ich mich festklammern musste, um nicht über Bord zu gehen?

Auch das ist nicht das Meer selbst, sondern was es verursacht; am Strand, auf einer Sandbank, auf einem Schiff.

Wenn es um das Meer selbst geht, diese endlose überflutete Tiefe, versagt meine Sprache. Ich kann höchstens sagen, dass ich an seinem Ufer immer das Gefühl habe, ein Ziel erreicht zu haben, und dass seine Nähe mich jedes Mal aufs Neue in Verwunderung versetzt. Wahrscheinlich, weil es das ungreifbare Andere ist, das sich mir in einer Gestalt ohne Eigenschaften zeigt, sich entziehend wie Luft, unveränderlich wie … tja, wie es selbst. Wie ein Sternenhimmel lässt es uns unendlich weit in die Zeit blicken, weil es in dieser unveränderlichen, ungreifbaren Form schon da war, bevor die Evolution begann, und so bleiben wird, bis es unter der explodierenden Sonne verdampft. Könnte ich mich um eine Milliarde Jahre in die Vergangenheit oder die Zukunft versetzen, würde ich mich in einer Welt wiederfinden, in der alles anders, verwirrend oder bedrohlich wäre, außer dem Meer. Ich würde seinen Klang schon von Weitem hören und davon angezogen werden. Am Flutsaum angekommen, würde ich zum leeren Horizont spähen, und das würde mich beruhigen. Weil das Meer so sein würde, wie es immer schon war und immer bleiben wird, als würde für das Meer keine Zeit vergehen. Ich würde wieder an seinem Ufer stehen wie der siebenjährige Junge und würde denken: Da ist das Meer.

Da.

Aus dem Niederländischen von Andreas Ecke

Mathijs Deen, geboren 1962 im niederländischen Hengelo, ist Schriftsteller und Hörfunkautor. Er hat im mareverlag seit 2019 insgesamt fünf Romane veröffentlicht; jüngst erschien mit „Der Retter" der dritte Fall für Kommissar Liewe Cupido, den wortkargen Ermittler im niederländisch-deutschen Grenzgebiet am Wattenmeer. 2018 erhielt er in seinem Heimatland den Halewijnpreis, verliehen für die literarische Qualität seines Gesamtwerks.

Sylvie Leblanc:
„H_2O-scapes“,
Deutsch/Englisch,
Kerber, Bielefeld, 2023,
88 Seiten, 38 Euro

Ein Fluss wird zum Ozean

Die Fotografin Sylvie Leblanc hat den Sankt-Lorenz-Strom in den Fokus genommen und schürft mit immer gleichem Blick nach Tiefe

„MAN SAGT, BEVOR ER DAS MEER ERreicht, zittert der Fluss vor Angst“, heißt es in einem Gedicht des libanesisch-amerikanischen Schriftstellers Khalil Gibran (1883–1931). Etwas weniger dramatisch und spekulativ lässt sich sagen, dass allein der Gezeiten wegen in einem Ästuar einiges an Bewegung ist. Wie faszinierend die Welt dieser breiten Wasserkörper im Mündungsgebiet eines Flusses sein kann, zeigt die kanadische Fotografin Sylvie Leblanc in ihren „H_2O-scapes“, die im Winter 2023 erstmals im Kölner Showroom der international renommierten Fotografieexpertin Simone Klein gezeigt wurden und nun in einer Auswahl von 57 Fotos aus 23 Serien als Buch vorliegen.

Die 1959 geborene Autodidaktin Leblanc, die zuvor als Kuratorin an kanadischen Museen tätig war und sich privat bei der deutschen Fotografin Bettina Secker ausbilden lassen hat, dokumentiert mit diesem Projekt einerseits mit geradezu wissenschaftlicher Akribie das Leben eines langen, aber keinesfalls ruhigen Flusses, wie es sich ihr an ihrem Heimatort in La Malbaie am Nordufer des mächtigen Sankt-Lorenz-Stroms darbietet. Ihn nahm sie 2009 und 2023 immer wieder von derselben Kameraposition auf dem Grundstück ihres Elternhauses auf und schuf so eine beeindruckende Werkgruppe, die trotz ihrer kühlen technischen Präzision andererseits auch poetisch anmutende Qualitäten beweist.

Das Zusammenspiel der Elemente manifestiert sich dabei in immer wieder neuen, manchmal nur minimal veränderten Farbschattierungen. Ihre subtilen Eigenheiten zu entdecken fordert vom Betrachter, die eigene Wahrnehmung für einen Moment neu zu kalibrieren: Einfach einmal innezuhalten und sich auf nahezu meditative Weise dem scheinbar Vertrauten neu zu nähern, das ist eine Einladung zur Entschleunigung, die in diesem Zeitalter der absoluten Reizüberflutung schon nahezu widerständigen Charakter hat.

In einem lesenswerten Essay gewährt Leblanc einen Einblick in ihre Praxis, der sowohl theoretische Aspekte intellektuell gut nachvollziehbar als auch das konkrete Erleben vor Ort sinnlich erfahrbar macht. Sie wird angezogen von den „flüchtigen, unfassbaren Formen des Nebels“, dessen Magie sie so beschreibt: „Das Licht bewirkt, dass sich ein Ort komplett verändert. So erscheinen und verschwinden unter den Nebelbänken, die sich bilden und verformen, die Inseln von Kamouraska; Nebelhörner erschallen aus dem Nichts; Rumpfschiffe tauchen manchmal kurz auf wie Geisterboote; Belugas, Zwergwale, Finnwale, Robben, Basstölpel, Kormorane, Eiderenten, die sich im

Leblanc hat über Jahre den Strom aus derselben Perspektive fotografiert: „V-1“, 2009

Oben **„XXI-1“, 2023.** *Unten* **„XIII-6“, 2022**

„XVIII-1", 2022

Wasser tümmeln, bleiben selbst für das geübte Auge unsichtbar. Unsere Umwelt ist plötzlich ohne Orientierungspunkte. Aber seltsamerweise kommt gerade dann, wenn fast alles von Nebel eingehüllt ist, die Kraft des Ortes zum Ausdruck."

Deutlich wird sowohl im Werk als auch im begleitenden Text, wie sehr ihr Anliegen die bloße Landschaftsfotografie überschreitet. An dieser immer in Bewegung befindlichen „Landschaft aus Wassermolekülen in verschiedenen Aggregatzuständen" interessiert sie der fließende Wechsel, den man als Sinnbild für das Leben begreifen darf: „Mehr Atmosphäre als Form, mehr Leere als Materie. Ich fühle mich direkt eingetaucht in die Vergänglichkeit, dieses Gesetz der Verwandlung der Welt, diese fortwährende Metamorphose, die sich vor unseren Augen vollzieht." *Panta rhei*, alles fließt.

Dieser Tatsache stellt sich nach einiger Reflexion über den zurückgelegten Weg auch der von Khalil Gibran beschriebene verängstigte Fluss, dessen Befürchtung es war, für immer im Ozean zu verschwinden. Doch: „Der Fluss muss riskieren, in den Ozean zu fließen, denn nur dann verschwindet seine Angst. Dort wird der Fluss erfahren, dass es nicht darum geht, im Ozean zu verschwinden, sondern der Ozean selbst zu werden."

Gunnar Lützow

Philip Hoare:
„Albrecht Dürer und der Wal. Wie die Kunst die Welt erschaffen hat",
aus dem Englischen von Susanne Held,
Klett-Cotta, Stuttgart, 2023,
320 Seiten, 30 Euro

Die Kunst, einen Wal zu sehen

Auf seiner fesselnden Suche nach dem Meer im Werk von Albrecht Dürer findet der britische Autor Philip Hoare erstaunliche Verbindungen

ALBRECHT DÜRER WAR IM EISIGEN Winter 1520 sechs Tage lang unterwegs, um im niederländischen Zeeland einen gestrandeten Wal zu sehen. Das Schiff erlitt fast Schiffbruch, Dürer erreichte schließlich das Ufer. Doch der Strand war leer, die große Kreatur war weggespült worden.

Der Titel des großartigen neuen Buchs von Philip Hoare ist der Geschichte dieser letzten großen Reise Dürers entnommen. Aber die Erzählung entwickelt sich bald zu einer größeren Exkursion durch Kunst, Leben, Natur und Kultur. Wer die preisgekrönte Meerestrilogie des englischen Journalisten kennt, weiß um Hoares schriftstellerische Begabung. Wenn man ihm an den Strand in Zeeland folgt, den auch Dürer besuchte, wird man von seinen Beschreibungen sofort in den Bann gezogen. Hoare sieht Kreaturen sozusagen stellvertretend für Dürer. Er erkundet Tierbildnisse wie das vom Rhinozeros, das Dürer nie gesehen hat, oder dem Hasen, den alle kennen, nur nicht so, wie Dürer ihn malen konnte. Zu diesem Bild assoziiert der Autor eine Verbindung zur Jungfrau Maria, weil man früher glaubte, der Hase pflanze sich per Jungfernzeugung fort, und landet dann bei Joseph Beuys und der Bedeutung des Hasen in der Kunst. So entfaltet Hoare spannende Assoziationsketten, auch zur Kulturgeschichte des Wals. Sie beginnt bei Dürers Lektüre als Kind und führt hin bis zu „Moby Dick" und Melville.

Hoare untersucht akribisch Dürers Werke nach maritimen Merkmalen. Bei „Melencolia I" etwa erspäht er im rätselhaften Halbdunkel einen Bruchteil des fernen Meers. Und in einem alten Bild eines holländischen Strands kommt für Hoare ein verborgener Wal zum Vorschein. Geschickt verknüpft er Dürers Krankheit nach dessen Reise in die Niederlande mit dem Schicksal jener Leute, die sich damals an gestrandeten Walen ergötzten. Die Eingeweide der Tiere platzten auf, was die umgebende Luft dermaßen verseuchte, dass Schaulustige vom Gestank krank wurden und einige sogar starben. Solch lebensgefährliche Lust am Spektakel beschreibt Hoare ebenso emphatisch wie das Leiden der Tiere. Der Umstand, dass es Dürer nicht gelungen war, den Wal zu sehen, löste einen unerwarteten Effekt aus. „Er flößte ihm neue Inspiration ein, so als hätte er die schlechte Luft des Wals eingeatmet", schreibt Hoare. „Das Bewusstsein seiner Sterblichkeit eröffnete ihm erneut, ja sogar klarer, zu sehen wie Albertus."

In dem mit zahlreichen Abbildungen ausgestatteten Buch zeigt sich Hoare von den Wundern dieser Welt genauso beeindruckt wie Dürer. Der Autor pendelt zwischen kunsthistorischen Betrachtungen und einer autobiografischen Reisereportage und gewährt neue Einblicke in die Beziehung von Wal und Mensch. Die Kulturgeschichte des Wals bettet Hoare in Dürers Leben und Werk ein, das er mit fesselnder Leidenschaft, Ergriffenheit, purem Staunen und einer ganz besonderen persönlichen Note beschreibt. Philip Hoare ist ein großer Meister der Künstlerbiografie. Und Dürer? Seiner Zeit voraus erschien der berühmteste Künstler Nordeuropas seinen Zeitgenossen. Unergründlich ist er auch heute noch.

Joseph Scheppach

Thea Mengeler:
„Nach den Fähren“,
Wallstein, Göttingen,
2024, 175 Seiten,
20 Euro

Verlassene Insel

Ein literarisches Kunststück über das Glück in der Abwesenheit

DIE FÄHREN MIT DEN TOURISTEN bleiben seit Jahren aus, was dadurch fehlt, wird in Listen festgehalten. Zwischen die Listen reihen sich Schauplätze, erscheinen die letzten Bewohner der namenlosen Insel in einer nicht genannten See. Die 1988 geborene Thea Mengeler macht es in ihrem kleinen Roman spannend. Wir lernen Gebäude kennen: den Sommerpalast mit dem verbliebenen Hausmeister, das gelbe Haus mit einem General und bald nur noch mit seiner Witwe, das Apartment 3B, von einer Doktorin bewohnt, eine Mühle, eine Bäckerei, der Hafen, die leere Bar. Jedem Ort ordnet die Autorin eine Person zu, jedes Gebäude rückt wiederholt in oft nur einer Seite langen Szene in den Blick, langsam nehmen die wenigen Menschen Kontur an. Das Publikum erwartet eine Handlung, womöglich einen Plot. Beides fehlt, gehört auf die Liste der Verluste mit literarischem Gewinn, die Leser vermissen das Übliche nicht. Das ist das Kunststück dieses Romans.

Die Verlassenheit, selbst die Möwen sind woanders, an weniger vermüllten Stränden, das unvollständige Vakuum der Insel, die ein Vorher und keine Zukunft kennt, sind das fein bearbeitete Thema. Jede der mehr als 100 Miniaturen strahlt perfekt erzählte Ruhe aus, es gibt nur kleine Begebenheiten und Grundwahrheiten der *Condition humaine.* Ob die Fähren besser nicht zurückkehren? Nichts bewegt sich auf etwas hin, nur die Generalswitwe verlässt die Insel auf einem reparierten Boot trotz der Warnungen wegen des Wetters.

Harald Loch

René Maran:
„Ein Mensch wie jeder andere“,
aus dem Französischen von
Claudia Marquardt,
Elster & Salis, Zürich, 2023,
220 Seiten, 24 Euro

Liebe in Zeiten des Kolonialismus

Ein wiederentdeckter Roman des Franzosen René Maran verhandelt die Abgründe des Rassismus und hat an Aktualität nichts verloren

EIN MANN VERLÄSST IN PARIS EINE Frau, obwohl oder gerade weil sie seine große Liebe ist; er fürchtet, ihr nicht genügen zu können. René Marans Roman von 1947 ist jedoch keine Kitschstory, sondern eines der großen antikolonialistischen Bücher der französischen Literatur und nun endlich auch in adäquater deutscher Übersetzung erhältlich.

Während der Schiffspassage von Bordeaux über Dakar, Conakry, Lomé und Libreville erinnert sich der junge Kolonialverwalter Jean Veneuse – wie sein Erfinder René Maran (1887–1960) auf den Französischen Antillen geboren – an jene Liebe, die aufgrund des mehr oder minder subtilen Rassismus der Gesellschaft keine Chance zu haben scheint, denn seine Hautfarbe ist schwarz und die der geliebten Frau weiß. In einem seiner Briefe heißt es: „Die Liebe hebt die Rassenvorurteile nicht auf. Widersprechen Sie nicht. Ich kenne alle Argumente, die Sie dagegen vorbringen werden. Erstens, ich sei ja nicht schwarz im Sinne von Schwarz. Zweitens, ich sei nicht wie die anderen Schwarzen. Und drittens, dass Mischehen seit dem Krieg häufig vorkämen. Leider aber, Andrée, bin ich Kolonialbeamter. Und ich liebe Sie mit Weitblick. Hören Sie mir also zu [...] Weiße und Schwarze würden sich gegen uns verbünden. Wir würden allein sein, hoffnungslos allein. Glauben Sie, dass wir unser ganzes Leben so im Abseits leben könnten? Denken Sie nach, bevor Sie antworten.“

An Bord beginnt er eine kurze Affäre mit der Witwe eines Kolonialbeamten, die ihn zuerst bedrängt, um ihn dann bei der Ankunft auf dem Kontinent als vermeintlich nicht standesgemäßen Schwarzen abzuservieren: ambivalente Kurzzeitlibertinage in strukturell vergifteten Zeiten.

Nach einer beschwerlichen Reise auf dem Kongofluss schließlich im Tschad angekommen, wird Jean dort von der afrikanischen Bevölkerung vor allem als Abgesandter der Weißen betrachtet – während ihm, dem hochgebildeten jungen Mann, seine französischen Kollegen wieder einmal das vergiftete Kompliment machen, er sei „nicht so wie andere Schwarze“. René Maran, der kein Pamphletist, sondern ein kluger Romancier war, bleibt jedoch bei der Schilderung solcher Verhaltensmuster nicht stehen, sondern hat den schriftstellerischen Mut zur Ambivalenzbeschreibung. Denn wäre das Pendant zur verletzenden Bemerkung, Jean sei nicht wie andere Schwarze, nicht ebenso rassistisch – nämlich die krude Aufforderung, er möge genauso sein wie (angeblich) alle anderen Schwarzen?

Dieser Roman, der aus packenden europäischen und afrikanischen Meeres- und Landschaftsschilderungen besteht, aus eindringlichen Dialogen, Briefen und vor allem präziser Selbstreflexion ist deshalb ein bis heute aktuell gebliebener Einspruch gegenüber jedem auf die Hautfarbe reduzierenden Essenzialismus – und gleichzeitig eine Korrektur der selbstzufriedenen Mär, dass Hautfarbe überhaupt keine Rolle spiele und man/frau deshalb lieber farbenblind sein solle.

Schließlich lässt sich Jean zurück nach Frankreich versetzen, kehrt heim nach Bordeaux, doch das Happy End mit Andrée ist ein individuelles, ein den gesellschaftlichen Zwängen abgetrotztes.

Marko Martin

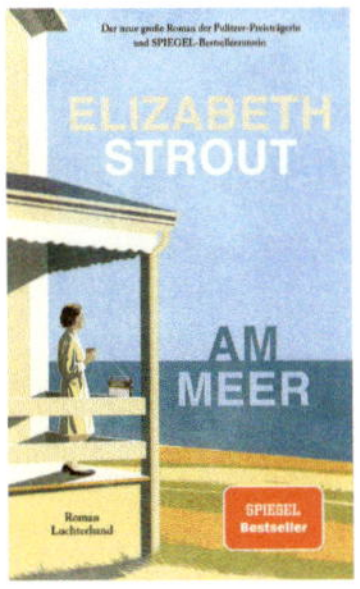

Elizabeth Strout:
„Am Meer“,
aus dem Amerikanischen
von Sabine Roth,
Luchterhand, München, 2024,
288 Seiten, 24 Euro

Versuchsanordnung mit Wellenschlag

Ein geschiedenes Paar versteckt sich an der Küste von Maine vor der Pandemie. Elizabeth Strout macht ein subtiles Psychodrama daraus

DIE ABGELEGENE LANDZUNGE AN der Küste von Maine ist ein Fluchtort. Am Anfang denkt Lucy Barton, sie werde hier, fernab ihrer New Yorker Wohnung, nur ein paar Wochen verbringen müssen. Aber es werden Monate daraus. Was hat die Schriftstellerin im Jahr 2020 an den einsamen Küstenzipfel verschlagen? Ihr Ex-Mann William möchte nicht, dass sie sich in der Großstadt der Coronapandemie aussetzt. Die beiden in die Jahre gekommenen Eltern von zwei erwachsenen Töchtern verbindet eine enge Freundschaft. William hat das Haus am Meer gemietet, und so verbringen die Ex-Partner Tag um Tag an der Bucht mit den wilden Felszacken. Im Gepäck nicht nur ein paar Klamotten für einen Kurzaufenthalt, sondern auch ihre nicht sonderlich aufgearbeitete gemeinsame Vergangenheit.

Das ist das Setting von Elizabeth Strouts neuem Roman „Am Meer“, psychologisch subtil ausgeleuchtet, wie man es von der Amerikanerin, Jahrgang 1956, kennt. Das Buch ist Paartherapie und Meeresrauschen in einem. Während Lucy und William ihre teils schmerzhafte Geschichte Revue passieren lassen – William hat seine Frau mehrfach betrogen –, schwenkt die Autorin ihren Blick häufig auf die Küste und das offene Meer. Lucy fremdelt zunächst mit der für sie unbekannten Landschaft, in der es keinen Strand gibt, „nur dunkelgraue und braune Felsen und spitze Nadelbäume, die direkt aus dem Stein zu wachsen schienen“.

Doch nach und nach entdeckt sie die „freie Luft“. War das Unvertraute zunächst angstbesetzt, wird es allmählich Teil ihres Alltags. Die Autorin selbst, in der Hafenstadt Portland aufgewachsen, hat nie mit dem Meer gefremdelt, wie sie auf Nachfrage erzählt; es war so selbstverständlich „wie meine eigene Hand, einfach immer da“. Wie schafft man Bilder, die unverbraucht und eindrücklich sind, wenn man etwas wie seine Westentasche kennt? Strout, die in New York und Maine lebt, sagt, sie habe dafür einen Trick angewandt: Indem sie versucht habe, das Meer durch die Augen von Lucy, der Großstädterin, zu sehen, konnte sie die Schönheit der Landschaft neu entdecken. „Das war absolut erstaunlich für mich“, so die Autorin.

Mit der Zeit gelingt es Lucy Barton, sich mit den Gezeiten vertraut zu machen. Und sie findet in der Landschaft eine Harmonie, die sie für sich, beunruhigt durch die Pandemie und absorbiert von der Aufarbeitung ihrer Ehe, nicht empfindet. Auch Kummer überfällt sie immer wieder – vor Kurzem ist ihr zweiter Mann gestorben. „Mir fiel auf, wie sehr Himmel und Meer im Einklang waren; bei grauem Wetter – und sehr häufig war es grau – lag auch der Ozean grau da, wenn aber der Himmel blau glänzte, schien auch das Wasser blau zu sein oder manchmal, wenn sich Wolken und Sonne mischten, tiefgrün.“ So gibt die Landschaft Lucy Barton Halt, ebenso wie die beiden vorgelagerten Inseln, „meine beiden Inseln, die immer da waren“.

Sie ist am Meer aufgewachsen: Elizabeth Strout

Elizabeth Strout ist den Inseln vor der Küste von Maine näher gekommen als ihre Protagonistin. Sie erzählt, dass ihr Vater ein Boot besaß, mit dem die Familie häufig zu den Inseln vor der Küste gefahren ist. Auf Dogs Head Island, wo sie gerne picknickten, gab es ein kleines, verlassenes Haus. „Auf dem Küchentisch standen Teetassen und Schüsseln. Keiner wusste, was mit den Bewohnern passiert war. Ich fand das absolut faszinierend“, sagt die Autorin, die diese Fantasieräume bis heute beschäftigen.

Es ist sicher kein Zufall, dass die Inseln im Roman immer wieder auftauchen, Angelpunkte in der Weite des Wassers, Fantasieräume. Vielleicht ist das Meer sogar die Hauptfigur in diesem Buch, das im Englischen den Titel „Lucy by the Sea“ trägt. So nuanciert, wie Strout ihre Figuren beschreibt – die verunsicherte, emotionale Lucy und den fürsorglichen, aber oft abwesend wirkenden William –, so vielschichtig beleuchtet sie auch das Meer. „Welche Gnade, dass wir nicht wissen, was uns im Leben erwartet“, heißt es an einer Stelle. Nicht anders verhält es sich mit dem Meer, das sich niemals gleicht. Selbst das Meeresrauschen ist nicht eintönig, sondern hat verschiedene Stimmen, einen tiefen, ruhigen Grundton und ein unüberhörbares Klatschen, wenn die Wellen an die Felsen schlagen.

Franziska Wolffheim

Pierre Gabus,
Romuald Reutimann:
„Der Hafen der Geheimnisse“,
aus dem Französischen
von Thomas Schöner,
Carlsen, Hamburg, 2024,
48 Seiten, 12 Euro

Unterseevolk mit Regenschirmen

Eine französische Comic-Reihe verbindet vergnüglich das wahre Leben im normannischen Cherbourg mit fantastischen Elementen

DIE AUF DER NORMANNISCHEN Halbinsel Cotentin gelegene Hafenstadt Cherbourg nennt eine renommierte Regenschirmmanufaktur ihr eigen und das Tiefseemuseum La Cité de la Mer, in dem das größte zu besichtigende U-Boot der Welt zu sehen ist. Beide Stätten spielen eine Rolle in den bisher erschienenen vier Bänden der Reihe „Der Hafen der Geheimnisse“. So spielt der dritte Teil „Hotel Atlantico“ in einer Herberge für abgelehnte Emigranten, und diese Unterkunft bietet mittlerweile besagtem Tiefseemuseum eine Heimstatt.

Reduzierte Figuren agieren vor opulenten, in vielfältigen Farbkompositionen schwelgenden Hintergründen; es wird vom Alltag Auswanderungswilliger berichtet. Darüber hinaus gibt es aber auch einen riesigen Roboter, der den Meeresgrund durchstreift, die Gründler, ein auf Fellwalen reitendes unterseeisches Volk, das eine geheime Freundschaft zu einigen Luftatmern pflegt, sowie ein Zwillingspaar in geheimer Mission, das bei Gefahr seine Körper in Stein verwandeln kann. All das macht die retrofantastische Serie, deren vierter Band, „Die rätselhaften Teufelswirbel“, Anfang 2024 erschien, zu einer Hommage an die Blütezeit des Zeichenstils der klaren Linie, nur eben mit fantastischem Anstrich bei gleichzeitig realistischem Anspruch. Neben den Schicksalen der Emigranten, die Parallelen zur Gegenwart zeigen, wird eine forsche, emanzipierte Agentin aufgeboten, deren Werdegang einen der vielen Handlungsstränge bildet, alles ausgelöst durch die mysteriöse Strandung eines der Gründlerreittiere an Cherbourgs Küste im ersten Teil „Das Monster aus dem Meer“.

Aus Band 4 „Die rätselhaften Teufelswirbel“

Das Konzept der Verfasser, auf lokale Gegebenheiten bei gleichzeitiger Verwendung fantastischer Elemente zu setzen, zeigt sich ebenso in der ursprünglichen Vertriebsweise: Zunächst waren die einzelnen Episoden nur in regionalen Zeitungen wie „La Manche“ verfügbar und entwickelten sich zu einem Verkaufsschlager. Das blieb dem französischen Verlag Casterman nicht verborgen, der schnell die Rechte erwarb. Das Lokalkolorit wurde derart konsequent umgesetzt, dass sogar Regenschirme Eingang in die Unterwasserwelt der Gründler fanden – wie, das sollte um des Vergnügens willen unbedingt selbst gelesen werden. ∞

Oliver Ristau

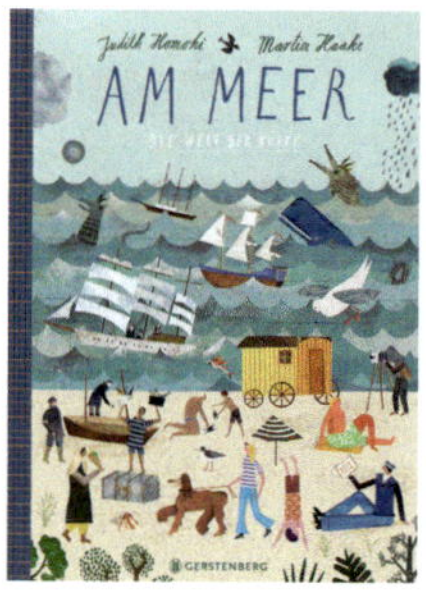

Judith Homoki,
Martin Haake:
„Am Meer.
Die Welt der Küste“,
Gerstenberg, Hildesheim, 2023,
64 Seiten, 28 Euro

Über alles im Bild

Lehrreiches zum Meer, kunstvoll illustriert für Kinder ab acht Jahren

SCHON AUF DEM GROSSFORMATIGEN Cover ist alles in wohltuenden Blau-, Türkis- und Beigetönen: der Strand mit Fischer, Seemann und Einsiedlerkrebs. Dazu auf dem tosenden Meer zwischen Wellen: große Schiffe, Seeungeheuer und ein Wal. „Uns hat es die Küste besonders angetan. Schließlich krabbelte hier vor 400 Millionen Jahren das erste Leben an Land“, so Autorin Judith Homoki. Sie hat nach intensiver Recherche viele Fakten in einzelne Kapitel gepackt. Nach einem geschichtlichen Überblick geht es um Ebbe und Flut, Hafenläden und Strandvergnügen. „Wir wollten kulturgeschichtlich an das Thema herangehen und auch für Erwachsene interessant sein“, so der Berliner Illustrator Martin Haake. Durch seine Landkarten, Figuren und stilisierten Tierzeichnungen gibt er dem maritimen Sachbuch einen ganz eigenen Strich.

Auch wie Kurzinfos und Bild ineinandergreifen, ist großartig gelöst. Am unteren Rand läuft, dezent eingefasst, der Text. Die doppelseitigen Tafeln füllen die eigenwilligen Illustrationen – von Haake zunächst gezeichnet und ausgeschnitten, dann am Computer zusammengesetzt. Das Kapitel „Erste Badegäste“ lässt die Betrachter auf eine Zeitreise gehen, und man erfährt, dass englische Ärzte erst im 18. Jahrhundert begonnen haben, die heilende Wirkung des Meerwassers zu verbreiten. Die Fragen, seit wann Seefisch auf dem Speiseplan stand und was auf den bei Kerzenschein gezeichneten Seekarten extra kostete, werden in den Kapiteln „Mensch und Meer“ und „Fantastische Gefahren“ beantwortet. ∞

Antje Ehmann

An dieser Stelle berichtet mare regelmäßig über neue Bücher aus seinem aktuellen Verlagsprogramm

„Alle Einwanderer sind Künstler“

Die Amerikanerin Elizabeth Graver hat das Leben ihrer sephardischen Großmutter zu einem weltumspannenden Roman verdichtet

mare: *Ihr Roman erzählt die Geschichte von Rebecca, einem sephardischen Mädchen, das 1903 in Konstantinopel geboren wurde und in den 1920er-Jahren über Kuba in die USA einwandert, nachdem sie ein Jahrzehnt in Barcelona verbracht hat, wo sie zwei Söhne bekam und Witwe wurde. Es ist auch die Lebensgeschichte Ihrer eigenen Großmutter. Inwieweit ist Ihr Buch biografisch?*

Graver: Die Orte und viele der Details basieren auf der Lebensgeschichte meiner Großmutter Rebecca, die 1992 starb. Aber ich wollte die Freiheit haben, Szenen zu erfinden, in die Köpfe und Herzen der Figuren einzudringen. Ich habe mir viele Freiheiten genommen, mich aber auf alles gestützt, was ich als Tatsache kannte. Ich entschied mich, echte Familienfotos einzubauen und einige echte Namen zu verwenden, um die Vermischung von Fakten und Fiktion zu verdeutlichen.

Ihre Geschichte besticht durch feine Details und Eindrücke aus Milieus, die es längst nicht mehr gibt. Wie haben Sie das recherchiert?

Einige Jahre vor ihrem Tod habe ich ein Interview mit meiner Großmutter geführt. Auf diese Aufnahmen habe ich mich gestützt. In jüngerer Zeit interviewte ich Verwandte sowie andere Menschen aus den Orten und Kulturen. Ich reiste in die Türkei, nach Spanien und Kuba, ging durch die Straßen, in denen meine Familie gelebt hatte. Ich studierte sogar Ladino, die Sprache der sephardischen Juden nach ihrer Vertreibung aus Spanien.

Wie schafft man es als Autorin, eine so konsistente, eindringliche Atmosphäre über verschiedene Zeiten und Orte hinweg aufrechtzuerhalten?

Kontinuität ist eine Frage der Stimme. Der Klang der Worte, ihre Melodien, Endschläge, Kadenzen sind für mich wichtig. „Kantika“ bedeutet auf Ladino „Lied“, und so betrachte ich das Buch auch. Es hat viele Teile und Tonverschiebungen, aber die Melodie zieht sich durch.

Sie selbst sind 1964 in den USA geboren und haben Ihre Großmutter erst kennengelernt, als diese bereits Amerikanerin war. Wie haben Sie sie wahrgenommen?

Ich war mir immer bewusst, dass sie von woanders herkam und viel zurückgelassen hatte. Sie aß mediterrane Speisen, sprach Französisch und Ladino, obwohl sie es Spanisch nannte, hatte seltsame Hausmittel. Ich fand sie fesselnd und verwirrend zugleich: War sie Spanierin oder Türkin? Sie sagte, sie sei beides. War sie als Kind wirklich reich gewesen? Denn als ich sie kannte, lebte sie sehr bescheiden.

Das Leben in einem fremden Land zwischen Anpassung und Bewahrung der eigenen Kultur und Religion ist ein durchgehendes Motiv im Roman. Sie vergleichen darin Migranten mit Künstlern. Können Sie das erklären?

In der Danksagung zitiere ich die haitianisch-amerikanische Schriftstellerin Edwidge Danticat, die sagt, dass alle Einwanderer Künstler seien. Sie müssen sich mit Einfallsreichtum und harter Arbeit ein neues Leben aufbauen. Rebecca hatte tatsächlich künstlerische Ambitionen, die sie nie ganz verwirklichen konnte. Sie war Schneiderin und Stickerin. Sie liebte es, zu singen, zu tanzen und Theaterstücke aufzuführen. Doch sie musste ihre Kreativität in den Dienst des Broterwerbs stellen – sie nähte, um Geld zu verdienen –, aber sie hatte Freude an der Schöpfung.

Sie erlebt eine glückliche Kindheit, wird aber auf ihrem Weg zunehmend mit Herausforderungen konfrontiert.

Sie war immer in der Lage, trotz aller Schwierigkeiten Freude zu finden, und ich glaube, sie fand eine Art Frieden. Sie war sehr empfänglich für Schönheit. Sie liebte die Menschen in ihrem Leben. Gleichzeitig trug sie schwere Verluste mit sich und musste gegen Bitterkeit ankämpfen. Sie bedauerte, dass es ihr nicht gelang, ihre Eltern in die USA zu holen.

Wie vermitteln Sie Ihren Kindern die Wurzeln der eigenen Familie?

Meine Töchter sind 21 und 23 Jahre alt. Sie haben „Kantika“ gelesen, waren sehr interessiert an den Verbindungen und den Unterschieden zwischen dem Leben ihrer Urgroßmutter und ihrem eigenen. Meine Tochter Chloe schrieb mir nach der Lektüre, was für ein Geschenk es wäre, dieses Fenster in die Vergangenheit ihrer Familie zu haben. Meine Familie hat den Roman begrüßt, aber ich erinnere sie immer daran, dass es sich um Fiktion handelt: halb Wahrheit, halb Traum.

Das Gespräch führte Roland Brockmann.

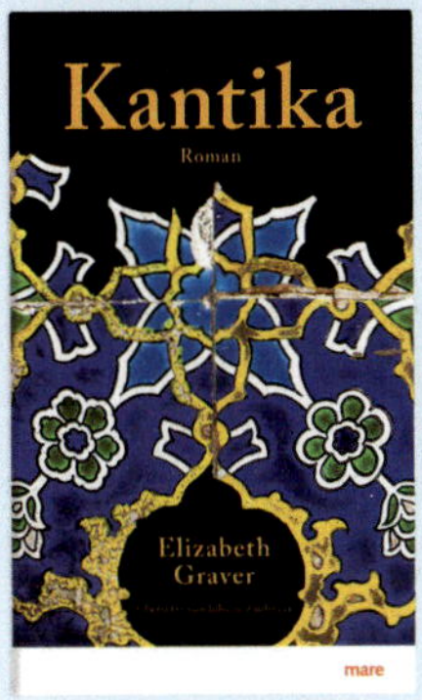

Elizabeth Graver: ***„Kantika“,*** *368 Seiten, 25 Euro*

Olaf Kanter:
„Randmeer“,
KJM, Hamburg, 2024,
144 Seiten, 20 Euro

(K)ein Idyll

Ein kritischer Essay über die Nordsee als Wirtschaftsraum

DIE NORDSEE GILT ALS BEDROHT und Bedrohung zugleich und hat bei aller Romantisierung ihren Schrecken nie eingebüßt. Zu mächtig kommt der Blanke Hans daher, was auch der passionierte Hochseesegler Olaf Kanter weiß – für ihn ist die Nordsee zunächst Wildnis, „ungezähmt, unkultiviert, ursprünglich“. Doch dann fragt sich der Autor doch, wo zwischen der Postkartenidylle am Strand und dem Windpark am Horizont noch Platz für den maritimen Lebensraum bleibt? Zunehmend, so Kanter, gerate die Nordsee zur Nutzfläche. Und so thematisiert er am Ende weniger das Leben von Schweinswalen oder Heringsfischern, sondern Warenströme, Fangquoten und Ölförderplattformen – etwa „Troll A“ vor der Küste Norwegens, die größte Bohrinsel der Welt. Sie ist nicht der einzige Superlativ im kleinen Randmeer des Atlantiks, es ist eine der am dichtesten befahrenen Regionen der Weltmeere, 420 000 Schiffsbewegungen werden im Jahr gezählt.

Erschienen ist der schmale Band in der Reihe „European Essays on Nature and Landscape“. Die Nordsee als Landschaft? Das klingt widersinnig. Schon Thomas Mann meinte: „Das Meer ist keine Landschaft, es ist das Erlebnis der Ewigkeit, des Nichts und des Todes …“ Und passt dann doch, vor allem historisch gesehen. Denn vor 8400 Jahren lag eine trockene Tundra zwischen dem heutigen Europa und England, als ein Tsunami die einstige Siedlung Doggerland überschwemmte. Deren Überreste liegen heute 13 Meter unter der Meeresoberfläche. Doch der Meeresspiegel steigt.

Roland Brockmann

Amitav Ghosh:
„Der Fluch der Muskatnuss. Gleichnis für einen Planeten in Aufruhr“,
aus dem Englischen von Sigrid Ruschmeier,
Matthes & Seitz, Berlin, 2023,
334 Seiten, 28 Euro

Die ganze Welt in einer Nuss

Der indische Sozialanthropologe Amitav Ghosh seziert mittels der Handelsgeschichte eines Gewürzes die Krisen unserer Gegenwart

DIE URSPRÜNGLICH NUR AUF DEN indonesischen Bandainseln beheimatete, als Küchengewürz heute alltäglich gewordene Muskatnuss wurde früher mit Gold aufgewogen. Sie war das „Gold Ostindiens“, wurde in ganz Asien gehandelt und von arabischen Händlern ins Römische Reich verkauft. Im ausgehenden Mittelalter galt sie als einziges Mittel gegen die Pest. Und so wurde die zu astronomischen Summen gehandelte Nuss zur Ursache eines Handelskonflikts zwischen Briten, Spaniern, Portugiesen und niederländischen Kolonialtruppen, die sich 1621 das Handelsmonopol sicherten, in dem sie kurzerhand einen Genozid an der indigenen Bevölkerung der Inseln verübten. 15 000 Menschen wurden damals ermordet oder versklavt.

Das ist der historische Hintergrund des neuen Buchs des in New York lebenden indischen Autors und promovierten Sozialanthropologen Amitav Ghosh. Seine Reise durch die Kultur- und Wirtschaftsgeschichte der Muskatnuss führt bis in die Gegenwart. Denn die kolonialen geopolitischen Ordnungen wirken noch heute nach. In diesem Buch geht es um nicht weniger als die Klimakrise, um Kolonialismus, um Rassismus – um die Weltgeschichte eines halben Jahrtausends. Ghosh schlägt den Bogen bis hin zum „Terraforming“, zur Kolonisierung des Weltraums, zur Black-Lives-Matter-Bewegung, zur Covidpandemie, den aktuellen Migrationsbewegungen und zu Occupy – zu all den Krisen unserer Gegenwart, die für ihn samt und sonders im Kolonialismus und Materialismus wurzeln: in der Idee, die Schätze der Erde in Profit zu verwandeln. „Ein Großteil der Menschen, wenn nicht der allergrößte Teil, lebt heute wie die Kolonisatoren von einst“, resümiert Ghosh. Die Kolonisatoren, das sind wir. Der Ausbeuter, das bin ich selbst. Das spannend erzählte, mit vielen Anmerkungen versehene Buch liefert ein Psychogramm unserer Gesellschaft und regt – durchaus auch hoffnungsvoll – dazu an, grundlegend neu zu denken.

Muskat wuchs früher nur auf den Bandainseln

Der Autor schließt mit einem Plädoyer, auf die Stimmen der Natur zu hören. Oder auf jene des brasilianischen Schamanen und Naturlyrikers Davi Kopenawa Yanomami: auf „Stimmen, die […] darauf beharren, dass Nichtmenschen sprechen können, es tun und müssen“. Man kann ein solches Lob des Animismus flugs als unwissenschaftlich abtun – das Ganze taugt dennoch als Gedankenspiel, als Experiment, als eine Art „Gleichnis“, was dieses Buch ja sein will.

Marc Peschke

Gregor Hens:
„Die eigentümliche Vorliebe für das Meer“,
Aufbau, Berlin, 2023,
272 Seiten, 23 Euro

Das Meer als Lebenselixier

Gregor Hens erzählt mit klarer Sprache und feiner Psychologie eine Familiengeschichte zwischen Nordsee und Südchinesischem Meer

GEEST IST EIGENTLICH SCHÖN. Ruhig, norddeutsch gelassen und vor allem weit weg von dem, was die 21-jährige Benedita hinter sich lassen wollte, als sie mit 18 ihre Heimatstadt im Südchinesischen Meer verließ. Geest, das ist genauso fiktiv wie Nam Van, die Stadt, in die Benedita sich zu Beginn des Romans dann doch wieder aufmacht, weil sie es nicht übers Herz bringt, eine Einladung ihres Onkels Gabriel auszuschlagen. Also reist Benedita. Lässt das kühle, geerdete Norddeutschland hinter sich und begibt sich auf eine Reise in die Vergangenheit ihrer Familie. Je länger diese Reise dauert, desto stärker verbinden sich die Sphären von Geest und Nam Van über das verbindende Element des Meers. Die beiden fiktiven Städte bilden eine Art poetischen Raum, in dem die Vorstellungswelten der Hauptfigur miteinander konkurrieren. Benedita ist so viel Geest, wie sie Nam Van ist, beides steckt in ihr und hat seine Berechtigung, wie sie lernen muss.

Gregor Hens' Roman ist eine Familiengeschichte, er thematisiert Generationenkonflikte, die wiederum die inneren Konflikte der Figuren beeinflussen, wobei der Leser diese auf zwei Ebenen vorgeführt bekommt. Aktiv treten im Roman nur zwei Figuren, Benedita und Gabriel, auf, alle anderen sehen wir durch den Filter der Betrachtungsweise dieser beiden. Da sind Beneditas Eltern, da ist die tragische Figur der ersten Frau ihres Vaters, und da sind vor allem ganz viele Irrwege, Verletzungen und Findungsprozesse, bei denen Heilung nur durch das Medium des Meers möglich scheint. Das Meer war und ist Lebensraum, ja durchaus auch Lebenselixier für alle Figuren, und daher hat jede von ihnen auch diese titelgebende eigentümliche Liebe zum Meer. Dabei spielt gewissermaßen der Aggregatzustand des Meers eine Rolle für diese Liebe. Das Meer in Nam Van ist anders als das in Geest, und Beneditas fluchtartiges Verlassen ihrer Geburtsstadt hat auch damit zu tun, dass sie in einen anderen Meeresaggregatzustand wechseln wollte, ja wechseln musste. Die kühle Nüchternheit des Norddeutschen ist es, was ihre Seele beruhigt, als die Geschehnisse in der schwülen Hitze am anderen Ende der Welt sie zu überrollen drohen.

Die Rückkehr nach Nam Van zeigt ihr jedoch, dass niemand sich so einfach von seinen Wurzeln abschneiden kann. Wir müssen uns emanzipieren, indem wir uns auseinandersetzen, das ist eine Botschaft, die der Roman intensiv vermittelt. Dies geschieht dabei in einer angenehm unaufgeregten Sprache, die immer wieder tief in das Seelenleben der Protagonisten einzudringen versteht. Vor allem Benedita wächst im Lauf des Buches innerlich, sie wird zu einer anderen, kompletteren Version ihrer selbst, und es ist spannend, sie als Leser dabei zu begleiten.

Gregor Hens hat einen detailreichen, geschickt konstruierten Roman geschrieben, dessen Grundrauschen der Klang der Wellen ist und der auf jeder Seite nach dem salzigen Duft des Meers riecht. Als Leser reist man auf den Spuren von Benedita und macht dabei eine Reise ins eigene Innere. Das ist nicht die schlechteste Wirkung von Literatur, für jeden Leser und für jene unter ihnen, die das Meer lieben, noch viel mehr.

Carsten Tergast

Im Netz

www.seemannsmission.org und www.mare.de/podcast

Seemannsmission

1,8 Millionen Seeleute sind weltweit auf 74 000 Handelsschiffen unterwegs. Sie versorgen uns mit dem, was wir täglich brauchen, und sind oft monatelang auf See. Die Deutsche Seemannsmission versteht sich als deren globale Organisation. Die Mitarbeitenden helfen praktisch, bieten Möglichkeit zum Gespräch, zu Seelsorge und setzen sich für die Rechte der Menschen an Bord ein, egal ob Matrose, Koch, Ingenieurin oder Kapitän. In unserem neuen Podcast „Übers Meer“ sprechen zwei von ihnen über ihre Arbeit an Land und auf den Schiffen.

Wiebke Böse

Im Deckchair

Ein persönlicher Tipp von Karin Trommer, Vertriebsleiterin der Zeitschrift mare

Benjamin Myers:
„Offene See“,
DuMont, Köln, 2021,
270 Seiten, 20 Euro

Im Frühjahr 1946 bricht der 16-jährige Robert aus seinem englischen Bergbaudorf auf, um durch die Natur zu wandern, immer in Richtung Europa und der offenen See. Er ist ausgehungert nach Leben und glaubt, dies sei die letzte Chance auf Freiheit, bevor er selbst das Leben seiner Väter im Untertagebau zu führen hat. Als er am Meer ankommt, trifft er auf die lebenserfahrene, völlig unkonventionelle Dulcie, die ihn bei sich aufnimmt, ihm immer wieder Arbeit gibt und ihn dafür großartig verköstigt. So wird es ein langer, spannender Sommer, in dem sich beide mehr und mehr auf Augenhöhe begegnen. Diese Geschichte der sich entwickelnden und letztendlich lebenslangen Freundschaft zeigt, was möglich wäre, wenn man vorurteilsfrei und vor allem mit unendlich großer Neugier aufeinander zugeht. Mich hat dieser Roman inspiriert, und ich habe mir vorgenommen, in Zukunft wieder neugieriger zu sein.

Unten **Zwergwalschädel in einem Bremerhavener Schuppen.**
Rechte Seite **Günther Behrmann, Jahrgang 1932**

Der König der Wale

Er ist der Schöpfer des Bremerhavener Nordseemuseums und ein international gefragter Walpräparator. Selbst mit 92 Jahren bleibt Günther Behrmann seiner Leidenschaft treu

Text: Cornelia Gerlach *Fotos: Dmitrij Leltschuk*

Ein bürgerliches Wohnzimmer im sechsten Stock eines Wohnhauses in Bremerhaven-Geestemünde. Der Kaffeetisch ist gedeckt. Nebenan steht ein Flügel. Darunter liegt ein ausgestopfter Seehund.

Hier, in einer Wohnung über den Dächern der Stadt, wohnt der Präparator und Walforscher Günther Behrmann mit seiner Frau Gudrun. Die Wohnung liegt fußläufig vom historischen Baumwollschuppen am Handelshafen, was praktisch ist, wenn man sich gern erinnert. Dieser rote Backsteinbau mit der Kaje davor ist untrennbar mit Behrmann verbunden. Hier war einst das Institut für Meeresforschung beherbergt, wo Behrmann im Obergeschoss das Nordseemuseum aufgebaut hat. Heute ist das Alfred-Wegener-Institut dort Hausherr.

Günther Behrmann ist Jahrgang 1932. Er grüßt mit einem fröhlichen Lachen; sein Bart, der an den des berühmten Verhaltensforschers Konrad Lorenz erinnert, wippt munter. Seine Frau schenkt Kaffee ein. Er selbst ist gleich mitten im Erzählen. Seine Stimme ist kichernd, oft fast schelmisch. „Warte mal", sagt er häufig. Und: „Jetzt kommt's!"

Kaum sind die Küchlein verspeist, drängt Behrmann zum Aufbruch. Der 92-Jährige steigt, schimpfend auf das Schwinden seiner Kräfte, die Treppe hinauf bis unter das Dach. Da ist sein Reich. Er nennt es sein „Walforschungszentrum", hier stört ihn niemand. Ein ausgestopfter Pinguin, der einen zu beobachten scheint, eine Schildkröte auf dem Regal, ein konserviertes Delfinbaby im Glas. Unter der Decke schwebt das Skelett eines Zwergwals.

Behrmann, der zusammen mit Filmemacher Alexander Kluge das Mathematikum in Halberstadt besuchte, wusste früh, was er wollte. Der junge Günther war zehn, als er eher zufällig ins Halberstädter Museum kam und dessen Leiter kennenlernte. Es war die Zeit, als die ersten Bomben fielen und die Erwachsenen keine Zeit für Museen hatten. „Außer dem Direktor und seiner Reinemachefrau war keiner da, der helfen konnte." Der Junge blieb und machte mit.

Es war Ende 1944 oder Anfang 1945, als aus dem Hobby ein fester Vorsatz wurde. Das war an dem Tag, als seine Klasse einen Ausflug ins Museum machte. Der Museumsdirektor begrüßte die Schüler. Und dann sagte er: „So, den Rest macht jetzt Günther. Der führt euch durch die Sammlung." – „Unserem Lehrer fiel der Unterkiefer runter", erinnert sich Behrmann. „Aber zum Schluss musste er zugeben, dass ich das konnte." An dem Abend sagte Günther zu seiner Mutter: „Ich werde Museumsleiter." Da war er zwölf, der Weg war vorgezeichnet.

Es folgte eine Ausbildung zum Präparator, dazu eine Lehre als Bildhauer und Plastiker. Zwei Gesellenprüfungen. Die Flucht in den Westen. 1960 kam Behrmann an das Institut für Meeresforschung, wo er als Präparator anfing und 1972 Museumsleiter wurde.

Das Museum in Bremerhaven war aus der Schausammlung des Instituts für Seefischerei hervorgegangen, das vor allem Meerestiere zeigte, die Fischer mitgebracht hatten. Nach der Zerstörung im Krieg eröffnete das Land Bremen 1948 an gleicher Stelle das Institut für Meeresforschung, das vier Jahre später auch wieder eine Schausammlung bekam. Daraus schuf Behrmann das Nordseemuseum. Sebastian Gerlach, ein renommierter Zoologe, ermöglichte als Direktor des Instituts einen neuen Schwerpunkt. Die Sammlung wurde nach biologischen Kriterien gestaltet. Die Erkenntnisse der Wissenschaft wurden dadurch erlebbar.

Für Bremerhaven gehörte das Museum schnell zu den Highlights. Wohl jeder, der vor 1999 in der Seestadt zur Schule gegangen ist, kennt es. Rund 300 Schulklassen, 35 000 Besucher im Jahr, zählte das Museum zu besten Zeiten. Viele Klassen kamen immer wieder, und mit jedem Schuljahr wurde das Verständnis für den Lebensraum Meer tiefer. Während die Kleinen sich noch am kunstvoll gebauten Modell von Ebbe und Flut begeistern konnten, lauschten die Oberstufenschüler dem sphärisch anmutenden Gesang der Wale. Andere rätselten über die Anatomie der ausgestopften Seekuh oder tauchten hinter einem Vorhang ins Tiefseediorama mit den kunstvoll präparierten Laternenfischen, Seewölfen und Monsterkrabben.

Günther Behrmann war der Schöpfer und Herrscher über dieses Reich. Seine Frau Gudrun erinnert sich, wie sie als

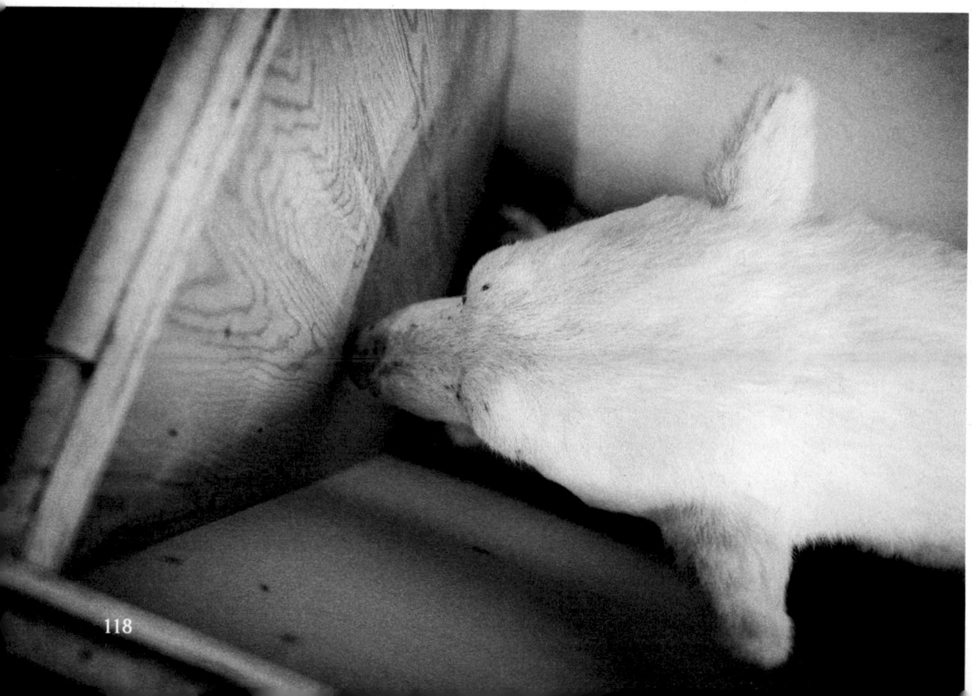

Links **Von Behrmann präparierte Eisbärin Suse.**
Rechte Seite **Kaisergranat aus dem Bestand des Nordseemuseums**

Teenager oft mit ihrer Freundin sonntagmorgens ins Museum kam, weil es dort trocken und warm war und weil man so herrlich über die blank gebohnerten Böden durch die lichtdurchfluteten Hallen schlittern konnte, fast wie auf einer Eisbahn, nur dass über einem das mächtige Skelett eines Pottwals hing. Die Mädchen tobten, bis die Tür zur Werkstatt sich öffnete und Behrmann heraustrat, im Kittel, schon damals eine beeindruckende Gestalt mit dem schmalen Vollbart unter dem Kinn, und die Mädchen wussten: Jetzt ist Schluss. Jahre später hat Gudrun den Günther dann geheiratet.

Es war am 20. November 1984, als ein Fischer in der Außenweser einen toten Wal treiben sieht. Ein Rettungskreuzer läuft aus, um das Tier zu bergen und in den Handelshafen zu schleppen. Als Behrmann davon hört, freut er sich riesig. Schon lange hat er sich einen Wal für seine Ausstellung gewünscht. Doch das, was aus der Außenweser geholt wird, ist gewaltig: ein 17,30 Meter langes und 57 Tonnen schweres Prachtexemplar von einem Pottwal. Ein einzelner Präparator kann das nicht bewältigen. Helfer kommen und machen mit, unter den Augen vieler Schaulustiger, die sich ihre Nasen zuhalten.

Nach dem Tod des Wals bilden sich Gase. Die mehrere Zentimeter dicke Blubberschicht in der Unterhaut des Wals hält die Wärme, was die Verwesung beschleunigt. Faulgas strömt aus dem Kadaver. Der intensive Geruch kriecht in Haut, Haare und Kleidung der Menschen in der Nähe. Man wird den Walgestank tagelang nicht wieder los. Gefühlt stank damals, als die Aktivisten den Pottwal zerlegten, die ganze Stadt. Gut einen Kilometer entfernt vom Museum hatten die Behrmanns ihre Wohnung. „Wenn ich das Fenster aufmachte, hab ich es gerochen“, erzählt Gudrun, „und wenn er nach Hause kam, erst recht.“ Ihr Mann sagt: „Die ersten 20 Minuten sind schrecklich. Danach macht die Nase dicht. Der Gestank wird normal. Die Gedanken können sich wieder auf andere Themen konzentrieren.“

Noch heute, 40 Jahre später, sprechen Bremerhavener ihn manchmal an. Wann er den nächsten Wal präparieren werde, wollen sie wissen und erzählen ihre Version der Geschichte. Wie sie an die Kaimauer am Institut kamen, um mitzuerleben, wie Behrmann und seine Helfer, in langen, vom Tran schillernden Ölhosen und mit Speckmessern bewehrt, den Wal in 200 bis 500 Gramm schwere Brocken zerteilten, die mit einem Bagger in Container geladen und abtransportiert wurden. Oder: Wie sie Geld in den Spendeneimer warfen, aus dem die Arbeiten bezahlt wurden. 30 000 Mark kamen damals zusammen, um nach dem Spektakel die Kaje und den Hafen wieder zu reinigen und das heiße Wasser zu bezahlen, in dem die Knochen ausgekocht wurden.

Dann stellte sich heraus, dass der Pottwal für das Nordseemuseum zu groß ist. Der Schädel – 1,5 Tonnen schwer – passte nicht durch die Tür. 15 Jahre lagerte das präparierte Skelett in einem Container, bis es endlich im Deutschen Schifffahrtsmuseum einen Platz fand. „Am Pottwal“, sagt Behrmann, „kann man wenig forschen.“ Meist sind diese Wale gestrandet. Ganz selten gelingt es,

Das Dachgeschoss mit Zwergwalskelett ist Behrmanns Reich, sein „Walforschungszentrum", wie er sagt

so schnell zur Stelle zu sein, dass der Wal noch frisch ist und man ihn noch von innen betrachten kann, ohne vor Gestank umzufallen. Aber die Neugier trieb Behrmann an. „Ich bin sehr tief in die Wale eingedrungen", sagt er.

Bei dem Pottwal, der 1994 vor Baltrum strandete, war Gunther von Hagens beteiligt, ein umstrittener Mediziner und Leichenpräparator. Dieser hatte ein Verfahren entwickelt, bei dem Zellflüssigkeit der toten Körper gegen reaktive Kunststoffe ausgetauscht wird.

Behrmann hatte sich vorgenommen, an diesem Wal Speise- und Luftröhre zu erforschen – und kroch dafür in den Kehlkopf. Von Hagens hatte andere Pläne, er wollte die inneren Organe des Wals plastinieren und dafür Herz und Lunge haben – und stieg dafür in den Brustkorb. „Mit Hut, den hat er nicht abgesetzt", erzählt Behrmann, „und dann haben wir uns drinnen im Wal getroffen." Die plastinierten Organe – darunter der zwei Meter lange Penis des Pottwals – sind heute im Wattenmeer-Besucherzentrum in Wilhelmshaven ausgestellt.

Mehrere Pottwale, ein Finnwal, ein Zwergwal, ein Entenschnabelwal, viele Delfine und noch mehr Schweinswale – die Liste von Behrmanns Walpräparaten ist lang. Und ein Zwergpottwal ist dabei; er strandete am Golf von Oman und bescherte Behrmann einen Dreijahresvertrag am Museum in Omans Hauptstadt Maskat, die Freundschaft mit dem Sultan und als Andenken einen kostbaren Dolch.

Das kam so: Eines Tages erhielt Behrmann einen Anruf. Am Golf von Oman liege ein toter Wal am Strand, hieß es, ob er helfen könne. Er flog hin und sah: Der gestrandete Wal war ein extrem seltenes Exemplar, ein nur 1,9 Meter langer Zwergpottwal aus der Tiefsee. Und weil er schon einmal vor Ort war, kümmerte er sich noch um neun weitere Walskelette. Drei Jahre baute er in Maskat dann das Naturkundemuseum auf. Dominica in der Karibik und Kuramathi auf den Malediven sind weitere Stationen seines Lebens.

Es gibt zwei Perspektiven auf diese Arbeit. Er selbst formuliert es so: „Entweder es ist ein Beruf, dann ist es eine Sauerei. Oder es wird einem hoch angerechnet, weil man eine wissenschaftliche Arbeit voranbringen will." Für Letzteres anerkannt zu werden, das ist eines der großen Themen in Behrmanns Leben. Aber es gab immer auch Menschen, die ihn auf Ersteres festlegen wollten. „Der ist ja bloß Präparator und Abdecker", das gab ein Professor ihm schriftlich, was ihn geärgert hat. Er selbst hat sich nie so gesehen. Ihm ging es immer um mehr.

In seinem „Walforschungszentrum" steht ein Mikroskop auf dem Tisch. Auch jetzt noch, seit mehr als einem Vierteljahrhundert im Ruhestand. Behrmann hat immer auch geforscht. Die Liste seiner Publikationen ist lang. Die erste stammt von 1965, der Titel: „Die Darstellung des Wattenbodens im Museum". Die bislang letzte erschien in der Zeitschrift „Fluke – Wal-Magazin für Historiker und Sammler" im April 2022 und handelt von Delfinohren.

Das für Bremerhaven relevante Vermächtnis von Behrmann aber schlummert seit 1999 in großen Kisten – seit dem Jahr, als das Nordseemuseum aufhörte zu existieren. 1986 war das Museum Teil des Alfred-Wegener-Instituts (AWI) geworden. Bremerhaven hatte damals Probleme: Werftenkrise, Fischfangquoten, hohe Arbeitslosigkeit. Die Stadt brauchte dringend eine Perspektive. Das AWI sollte die Stadt retten helfen. Der alte Baumwollschuppen wurde Anhängsel der modernen Großforschungsstätte.

Das Nordseemuseum wurde für die Besucher geschlossen, mit der Begründung, als bundeseigene Einrichtung dürfe das AWI kein Museum unterhalten. Engagierte Bürger gründeten daraufhin einen Förderverein und sorgten ehrenamtlich dafür, dass Schulklassen nach vorheriger Anmeldung kommen konnten und die Öffentlichkeit an einem Sonntag im Monat Zutritt hatte. 1999 endete auch diese Ära. Die Sammlungen wurden in Containern eingelagert.

Bittet man Behrmann, einen Ausflug zu den Kisten zu machen und sie den Reportern zu zeigen, wird er schroff. „Nein, nein, nein!", sagt er. „Ich bin zwar hart im Gemüt und habe mit Leichen überhaupt keine Probleme, aber diese eine Leiche möchte ich nicht sehen."

Der Vater von Cornelia Gerlach, Jahrgang 1960, Autorin in Berlin, war Direktor des Instituts für Meeresforschung, wo Behrmann das Museum leitete. Dmitrij Leltschuk, geboren 1975, Fotograf in Hamburg, bekam nach getaner Arbeit ein Abschiedsgeschenk von Behrmann: einen versteinerten Seeigel.

© arche noVa/Axel Fassio

Der Nasenbohrer

Sein Werkzeug hat er immer dabei. Mit der zwei Meter langen zahnbewehrten Nase kann der Sägefisch Beutetiere aufspüren und zweiteilen. Doch die Superwaffe wird ihm auch zum Verhängnis

Von Georg Rüschemeyer

Wer als Kind mit der TV-Serie „Wickie und die starken Männer" sozialisiert wurde, erinnert sich vielleicht an die Folge, in der Zimmermann Tjure einem Sägefisch das Werkzeug abnimmt. Dessen Artgenossen rächen den Frevel, indem sie ein Wikingerboot nach dem anderen zu Kleinholz sägen, bis schließlich Wickie die gestohlene Säge zurückgibt und Frieden mit den Fischen schließt.

Zoologisch gesehen ist das natürlich Unsinn, wie einem heute jedes fernsehende Vorschulkind mit meeresbiologisch korrekter „Oktonauten"-Sozialisation sagen könnte. Das fängt damit an, dass Sägefische trotz ihrer nur wenig abgeplatteten Körperform zu den Rochen gehören. Als solche besitzen sie gar keine richtigen Schuppen, sondern nur Placoiden, kleine Hautzähnchen, die ihnen eine Oberfläche wie Sandpapier geben.

Sägerochen, die Zoologen nach neuester Nomenklatur in fünf verschiedene Arten unterscheiden, bewohnen küstennahe Gewässer tropischer und subtropischer Meere. Jungtiere mancher Arten ziehen allerdings in Flüsse, wo sie ihre ersten Jahre in reinem Süßwasser verbringen. Im Amazonas wurde *Pristis pristis*, der Gewöhnliche Sägefisch, schon mehr als 1300 Kilometer flussaufwärts gefangen. Und im durch den Río San Juan mit dem Karibischen Meer verbundenen Nicaraguasee, aus dem die Art heute vermutlich verschwunden ist, paarten sich die Tiere sogar im Süßwasser.

Allen Vertretern der Fischfamilie gemein ist das zahnbewehrte Rostrum, eine nasenartige Verlängerung des knorpeligen Schädels, die rund ein Viertel der Körperlänge ausmacht. Und die kann ordentlich lang sein. Der Gewöhnliche Sägefisch erreicht durchaus eine Länge von sieben Metern, was ihn zum drittgrößten Fisch der Welt macht, nach Walhai und Riesenhai. Doch selbst die Zwei-Meter-Säge solcher Prachtexemplare taugt kaum zum Versenken von Wikingerschiffen. Wozu aber ist sie dann gut?

Diese Frage beschäftigt Naturforscher, seit Plinius der Ältere in der Antike die damals vermutlich noch regelmäßig im Mittelmeer zu findenden Tiere auf den Namen *serra marina* – Meersäge – taufte. In mittelalterlichen Bestiarien finden sich die Tiere in Gesellschaft von allerlei Fabelwesen. Und auch später dominieren wilde Spekulationen das Bild der in europäischen Gewässern schon immer raren Tiere. „Er soll einer der wüthendsten Feinde der Wale sein, sie von unten angreifen, mit seiner gewaltigen Waffe ihnen den Bauch aufreißen und zerschneiden, unter fürchterlichen Schlägen und Toben im Wasser stundenlang kämpfen und die Walstatt erst verlassen, wenn er den Feind erlegt oder im Kampfe seine Waffe verloren", zitiert Alfred Brehm in seinem „Thierleben" von 1884 einen Hamburger Gewährsmann, dem er allerdings eine „rege Einbildungskraft" attestiert.

Die Säge ist auch eine Antenne, mit der sich versteckte Beute aufspüren lässt

Mit seinen eigenen Mutmaßungen liegt Brehm dagegen goldrichtig: „Die Stellung des Maules und das Gebiß deuten weit eher als auf derartige Kämpfe darauf hin, daß der Sägefisch nach Art anderer Rochen nahe am Boden lebt und hier auf kleine Fische, Krebse, Weichthiere und dergleichen jagt."

Dass die Säge dabei eine Rolle spielt, vermutete schon Brehm. Sie ist mit spitzen Zähnen besetzt, die sich grundlegend von jenen im Maul der Tiere unterscheiden: Das sogenannte Revolvergebiss von Haien und Rochen lässt sich entwicklungsbiologisch auf spezialisierte Hautzähne zurückführen, die regelmäßig ausfallen und durch von hinten nachwachsende Zähne ersetzt werden.

Die Zähne auf der Säge eines Sägerochens dagegen erneuern sich wie ein Fingernagel ein Leben lang von der Basis her. Darin unterscheiden sie sich von den Hautzähnen auf der Säge von Sägehaien, einer Gruppe von relativ kleinen, in größeren Tiefen lebenden Haien, die einem Sägerochen auf den ersten Blick recht ähnlich sehen. Dennnoch muss man kein Zahnarzt sein, um die beiden Gruppen auseinanderzuhalten. Sägehaie sind auf den ersten Blick an den seitlich am Kopf sitzenden Kiemenöffnungen zu erkennen.

Auffällig an der Anatomie einer Rochensäge ist auch das dichte Netz Lorenzinischer Ampullen, das vor allem ihre Unterseite bedeckt. Mit diesen kleinen Sinnesorganen nehmen Haie und Rochen extrem schwache elektrische Signale ihrer Beutetiere wahr. „Die Säge ist also zunächst einmal eine Antenne, mit der sich auch im Sand versteckte Beute aufspüren lässt. Darin ähnelt sie dem ebenfalls recht langen, aber zahnlosen Rostrum der nahe verwandten Geigenrochen", sagt die österreichische Hai- und Rochenforscherin Barbara Wueringer, die ihrer Heimat den Rücken gekehrt hat, um in Australien ihren Studienobjekten, insbesondere solchen mit Säge, näher zu sein.

Welche Rolle das zähnestrotzende Organ nach dem Aufspüren der Beute spielt, blieb mangels Freilandbeobachtungen lange Zeit Spekulation. Forscher mutmaßten, die Fische würden damit wie

Oben **Schmalzahn-Sägerochen werden über fünf Meter lang.** *Unten* **Auge eines Gewöhnlichen Sägefischs im Detail**

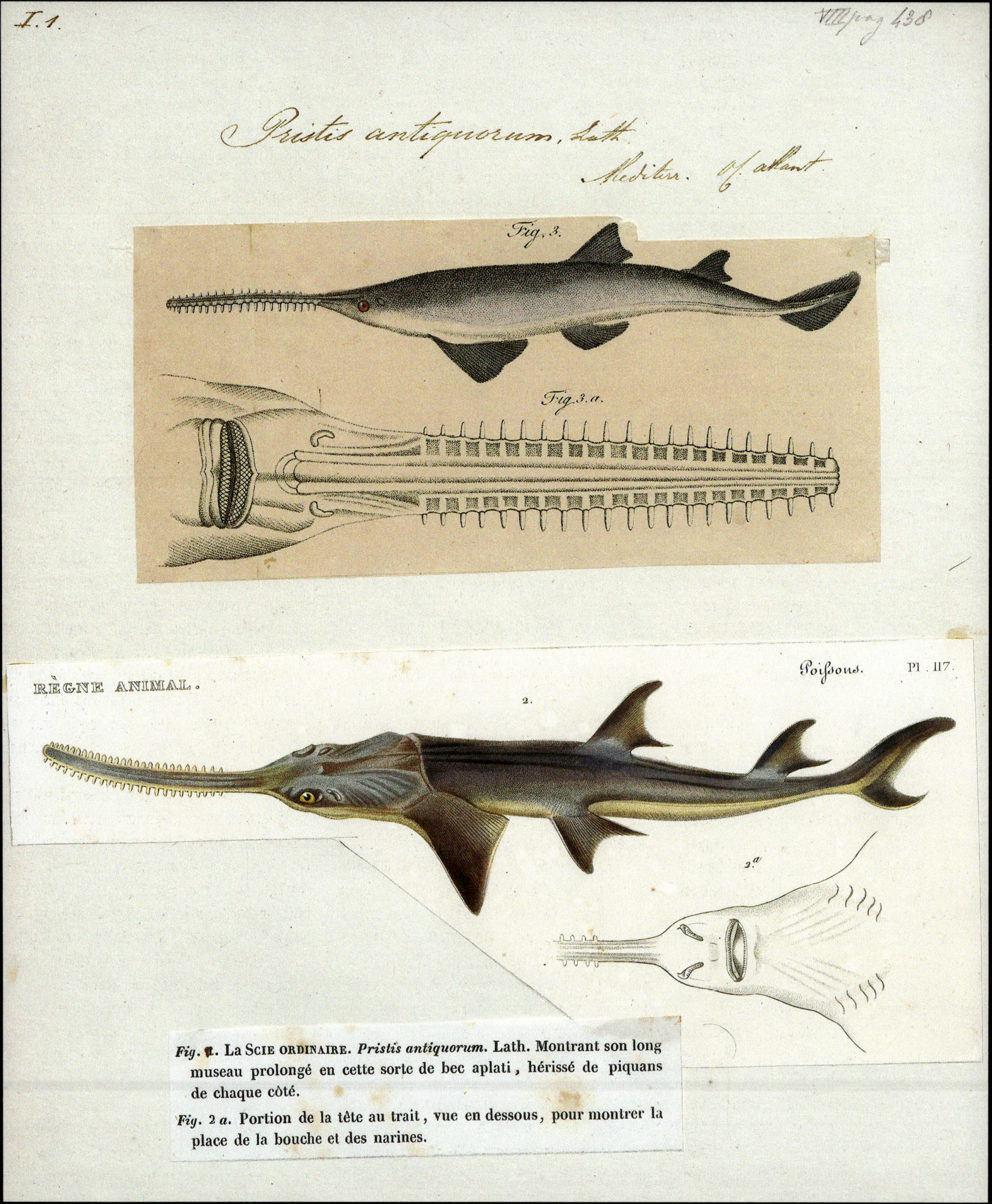

Historische Zeichnungen von Sägefischen aus dem 18. und 19. Jahrhundert. Schon die antiken Römer kannten die Meerestiere mit einem Rechen den sandigen Grund nach Fressbarem durchsuchen. Tatsächlich lassen sich Tiere in Schauaquarien dabei beobachten, wie sie mit ihrer Säge den Sand durchwühlen. Dieses Verhalten dient allerdings wohl nicht so sehr der Nahrungssuche als vielmehr der Zahnpflege: Fehlt den Tieren in Aquarien die Möglichkeit zum Wetzen ihrer stetig wachsenden Zähne, drohen paradontoseartige Veränderungen und Zahnausfall.

Im Jahr 2012 konnte Wueringer, die auch die Naturschutzorganisation Sharks and Rays Australia leitet, dann in einer im Fachblatt „Current Biology" veröffentlichten Studie mit mehreren in Gefangenschaft gehaltenen Sägerochen deren Jagdverhalten dokumentieren. Dabei zeigten die Tiere zwei unterschiedliche Strategien: In Grundnähe nutzen sie die Säge, um aufgestöberte Beute auf den Boden zu drücken und dann Stück für Stück in Richtung Maul zu befördern – eine Verhaltensweise, die Wueringer auch bei Geigenrochen fand. Im freien Wasser dagegen wird die Säge zum Schwert, das die Rochen mit blitzschnellen seitlichen Schlägen durchs Wasser führen.

Das auf den ersten Blick unhandlich erscheinende Organ erweist sich dabei als hydrodynamisch perfekt geformte Waffe, wie australische Forscher in einer im „Journal of Fish Biology" veröffentlichten Computermodellierung zeigen. Die Säge bewegt sich demnach fast reibungslos durchs Wasser und erzeugt kaum Druckwellen, die das Opfer mit seinem Seitenlinienorgan wahrnehmen könnte. Zur Flucht ist die Beute nach einem Treffer kaum noch in der Lage – manchmal wird es in der Mitte zerteilt oder bleibt auf den spitzen Zähnen des Räubers stecken.

„Auf diese Weise können Sägerochen auch schnelle Beute des freien Wassers wie Meeräschen erwischen und erweitern so ihr Beutespektrum", sagt Wueringer. Der Trick mit der Säge ist offenbar derart von Vorteil, dass die Evolution ihn mindestens dreimal unabhängig voneinander erfunden hat. Neben Sägerochen und Sägehaien besaßen auch die *Sclerorhynchidae* oder Scheinsägerochen der Kreidezeit ein seitlich mit großen Zähnen bestücktes Rostrum. Diese prähistorischen Rochen gehörten zwar zur näheren Verwandtschaft der heutigen Sägerochen, waren aber nicht ihre direkten Vorfahren, wie Forscher am Aufbau ihrer Sägezähne erkennen. Sie breiteten sich mit zahlreichen Arten in allen Weltmeeren aus, um dann vor rund 66 Millionen Jahren zeitgleich mit den Dinosauriern ohne Nachfahren auszusterben.

Ähnlich könnte es bald auch den Sägerochen von heute ergehen, die sich schon bald nach dem Ende der Kreidezeit aus zahnlosen, geigenrochenartigen Vorfahren entwickelten. Nur wäre diesmal kein Asteroideneinschlag, sondern der Mensch für den Exitus verantwortlich. „Sägerochen sind die am stärksten bedrohte Familie von Haien und Rochen. Alle fünf Arten sind auf der Roten Liste als stark gefährdet oder vom Aussterben bedroht verzeichnet. Während man sie früher noch in allen tropischen und subtropischen Meeren finden konnte, sind sie heute auf relativ kleine Rückzugsgebiete beschränkt", sagt Wueringer.

Viele enden als unabsichtlicher Beifang in Fischernetzen

Schuld daran ist vor allem die Küstenfischerei, in deren Netzen sich die Tiere mit ihrer Säge besonders leicht verheddern. Wie schnell das zum Zusammenbruch ganzer Populationen führen kann, zeigt das Beispiel des Nicaraguasees, in dem früher Abertausende von Gewöhnlichen Sägefischen lebten. 1970 begann der gezielte Fang der Tiere, die anfangs in Massen angelandet wurden. Doch bald schon gingen die Fangzahlen drastisch zurück. Am Ende des Jahrzehnts waren die Tiere weitgehend aus dem See verschwunden, und bis heute hat sich der Bestand nicht erholt.

Obwohl Sägerochen seit 2007 im Rahmen des Washingtoner Artenschutzabkommens weltweit streng geschützt sind, bleiben Fischernetze – trotz zunehmender Verbote von Stell- und Treibnetzen – ihr ärgster Feind. Viele enden so als unabsichtlicher Beifang. Und in Asien werden Sägefischflossen als besondere Köstlichkeit auf dem Schwarzmarkt für viel Geld gehandelt.

Hohe Preise erzielen auch ganze Sägen als Souvenir oder einzelne Sägezähne, die in Südamerika traditionell als zusätzliche Sporne für Kampfhähne benutzt werden. Die Versuchung für einen armen Fischer, ein gefangenes Tier nicht wieder auszusetzen, ist also groß. Weil Sägerochenmütter höchstens ein Dutzend lebende Jungen auf einmal zur Welt bringen, erholen sich einmal dezimierte Bestände nur langsam, zumal dem Nachwuchs infolge der Zerstörung von Mangrovenwäldern eine wichtige Kinderstube fehlt.

Seit 2014 setzt sich eine Initiative der Weltnaturschutzunion IUCN gezielt für das Überleben der Sägerochen ein. Helfen könnte dabei die Sympathie, die viele Völker den Tieren entgegenbringen. So übernehmen sie in einigen Regionen Westafrikas die allegorische Rolle der unparteilichen Richterin Justitia und ihres Schwerts: „Alles, was vor mich kommt, schneide ich gleich", ist unter solchen Darstellungen zu lesen.

In der Meerenge von Messina soll ein Sägerochen der Legende nach im Jahr 1573 gar zum Werkzeug der heiligen Jungfrau von Carmine geworden sein. Anstatt wie die Sägefische in „Wickie" Löcher in Schiffe zu sägen, stopfte das göttlich gesandte Tier mit seinem Körper das Leck eines in Seenot geratenen Schiffs und rettete so Mann und Maus.

Gedankt wurde es ihm offensichtlich nicht: Sein abgetrenntes Rostrum ist noch heute in einer Kirche in Neapel zu bewundern.

Als Teenager war Georg Rüschemeyer, Jahrgang 1970, Autor in Freiburg, Extremaquarianer. Mehr als ein Dutzend Aquarien mit seltenen tropischen Fischen standen zeitweise in seinem Zimmer. Für einen Sägefisch hätten Taschengeld, elterliche Geduld und Platz allerdings nicht gereicht.

mareRadio

Jeden ersten Sonntag im Monat auf Bremen Zwei

ROT

Samstag, 8. Juni, 18.05 Uhr, Bremen Zwei, (Wiederholung von Sonntag, 2. Juni)

HAIE

Sonntag, 7. Juli, 12.05 Uhr, Bremen Zwei

Sie stehen an der Spitze der Nahrungskette und sind doch bedroht. Sie können pfeilschnelle Jäger sein oder schwimmen einfach mit weit geöffnetem Maul durchs Meer. Haie gibt es seit mehr als 300 Millionen Jahren auf der Erde. Sie faszinieren uns und machen uns gleichermaßen Angst. mareRadio fühlt den Haien auf den Zahn, schwimmt mit ihnen durch ihre Kinderstube in den Mangroven und folgt ihnen auf ihren Raubzügen ins Riff. Moderation: Katrin Krämer

BREMEN

Sonntag, 4. August, 12.05 Uhr, Bremen Zwei

Im August wirft mareRadio einen genaueren Blick auf seine eigene Heimat: auf Bremen. Von den Anfängen, dem ersten Hafen im frühen Mittelalter, geht es über die großen Zeiten des Überseehandels bis hinein in die nicht immer einfache Gegenwart. mareRadio erzählt von Handelshäusern und Reedereien, von ehrbaren Kaufleuten und Aufschneidern, erklärt die Geschichte der Bremer Stadtmusikanten und geht der Frage nach, warum Bremen in den anderen Hansestädten nicht immer einen guten Ruf hatte. Moderation: Katrin Krämer

Termine

AHRENSHOOP

Ahrenshooper Jazzfest

Nationaler und internationaler Jazz präsentiert sich auf den Terrassen und Bühnen von Hotels, Restaurants, Cafés sowie Veranstaltungs- und Kunsthäusern in den unterschiedlichsten Jazz-Richtungen. 13.–16.6., Termine und Locations: www.ostseebad-ahrenshoop.de

AMRUM

Sonnenwendfeier

Mit der Amrumer Trachtengruppe, der Amrumer Blaskapelle und dem Amrumer Shantychor, anschließend Feuer am Strand. Für das leibliche Wohl sorgen die freiwilligen Feuerwehren der Insel. Achtung: Straße wird ab 18 Uhr gesperrt, Anfahrt mit Auto nicht möglich. Bitte mit Fahrrädern oder zu Fuß kommen. 21.6., ab 19 Uhr, Nebel. www.amrum.de

BERLIN

Caspar David Friedrich. Unendliche Landschaften

Ausstellung mit mehr als 60 Gemälden und über 50 Zeichnungen des bedeutendsten Malers der deutschen Romantik, darunter Ikonen wie „Das Eismeer“, „Kreidefelsen auf Rügen“, „Hünengrab im Schnee“ und die „Lebensstufen“. Bis 4.8., Di, Mi, So 10–18, Do–Sa 10–20 Uhr, Alte Nationalgalerie. www.smb.museum

BREST (FRA)

Internationales Maritimes Festival

Die Flotte von mehr als 1000 Booten, die sich in der Bucht versammeln, bietet Gelegenheit, Schiffe der Welt zu besichtigen und die Vielfalt der maritimen Kulturen der Welt kennenzulernen. In heiterer musikalischer Atmosphäre wird hier sechs Tage lang gefeiert. 12.–17.7., Hafen. www.fetesmaritimesdebrest.fr

Wir freuen uns über Ihre Veranstaltungshinweise:
mare-Termine
Wiebke Böse
Pickhuben 2
20457 Hamburg
E-Mail: termine@mare.de
Redaktionsschluss der nächsten Ausgabe ist der 12. Juli 2024.

BÜSUM

Kutterregattatage

Kutter, Traditionsschiffkorso, SUP-Rennen und ein Bühnenprogramm zu Land und zu Wasser, dazu Schlemmen auf der Hafenmeile. 19.–21.7., Hafen. www.buesum.de

HAMBURG

Water Pressure. Gestaltung für die Zukunft

75 Arbeiten von internationalen Kreativen dokumentieren die unterschiedlichsten Ansätze im Kampf gegen die Auswirkungen des Klimawandels auf die Wassersysteme der Welt. Bis 13.10., Di–So 10–18, Do 10–21 Uhr, Museum für Kunst & Gewerbe. www.mkg-hamburg.de

Watch! Watch! Watch!

Die erste große Retrospektive des französischen Fotografen Henri Cartier-Bresson (1908–2004) in Deutschland seit 20 Jahren. 220 Schwarz-Weiß-Fotografien sowie Beiträge in Magazinen und Büchern zeigen sein Lebenswerk. 15.6.–22.9., Fr–Mi 11–19, Do 11–21 Uhr, Bucerius Kunstforum. www.buceriuskunstforum.de

Zwischen Sturm und Stille

Mit einer exklusiven Auswahl seiner hochkarätigen Kunstsammlung lädt das Museum Kunst der Westküste (MKdW) als Gast im Internationalen Maritimen Museum (IMM) Hamburg zu einem visuellen Segeltörn entlang der Westküste von Norwegen, Dänemark, Deutschland und den Niederlanden ein. Bis 25.8., täglich 10–18 Uhr, IMM. www.imm-hamburg.de

KÖLN

1863 Paris 1874. Revolution in der Kunst

Kaum ein Ort und eine Zeit haben die Kunstgeschichte so beeinflusst wie das Paris von 1874. Hier fand vor 150 Jahren die erste Ausstellung der später weltberühmten Impressionisten wie Degas, Monet, Renoir und Sisley statt. Wie es dazu kam, dass sich diese Malerinnen und Maler jenseits der offiziellen Salonausstellung der Pariser Akademie selbst organisierten, und warum ihre Kunst anfänglich abgelehnt und später weltweit gefeiert wurde, zeigt diese Ausstellung eindrücklich. Bis 28.7., Di–Do 10–18, 1. und 3. Do im Monat 10–22 Uhr. Wallraff-Richartz-Museum. www.wallraf.museum

PARIS (FRA)
Inventer l'impressionnisme
Vor 150 Jahren, am 15. April 1874, wurde in Paris die erste Impressionistenausstellung eröffnet. Monet, Renoir, Degas, Morisot, Pissarro, Sisley und Cézanne, die nach Unabhängigkeit hungerten, beschlossen, sich von den Regeln zu befreien, indem sie ihre eigenen Ausstellungen außerhalb der offiziellen Wege organisierten. Die Ausstellung zeigt rund 130 Werke. Bis 14.7., Di–So 9.30–18, Do 9.30–21.45 Uhr. www.musee-orsay.fr

STORNOWAY (GBR)
HebCelt
Traditionsreiches Highlight in der Kulturlandschaft der Äußeren Hebriden: das Festival gälischer und traditioneller Musik mit führenden schottischen, britischen und internationalen Künstlern. 17.–20.7. Informationen zu Terminen und Locations: www.hebceltfest.com

STRALSUND
„Stralsunder Köpfe und so viel Meer"
Ausstellung mit Porträts Stralsunder Persönlichkeiten der neueren Zeit. Vernissage 8.6., 16 Uhr, Mo–Fr 10–18, Sa 10–16 Uhr, C. Stabenow, Badenstr. 1. www.c-stabenow.com

ZINGST
Zeesbootregatta
Traditionsbootrennen mit Volksfest und Bummelmeile mit kulinarischen Verführungen, Musik und mehr. 22.6., ganztägig, Hafen. www.ostsee.de

KEITUM / SYLT
LSF52 Surf + Strand Kultur Sylt

Sylt ist nicht zuallererst dafür berühmt, die Geburtsstätte des deutschen Wellenreitens zu sein. Schon 1952 wurden die ersten Wellen vor Sylt gesurft, in Tauchanzügen und auch ohne Neopren auf rutschigen Holzplanken. Diese Ausstellung will das ändern und blickt auf die faszinierende Geschichte des Surfens, die mehr als 70 Jahre zurückreicht und die Insel so nachhaltig prägen sollte wie kaum eine andere Sportart. Sie versteht sich auch als Hommage an die „Vorreiter der Wellen", die den Surfspirit nach Sylt brachten und mit Leben füllten: Denn eng verknüpft damit sind die traditionsreichen Rettungsschwimmer der Insel, die damals ihre Rettungsbretter in Surfbretter umfunktionierten.
Bis 5. Januar 2025, Mo–Fr 10–17, Sa, So 11–17, ab November Do–So 11–15 Uhr, Sylt Museum, Am Kliff 19. www.soelring-museen.de

mareTV

Jeden ersten und dritten Donnerstag im Monat im NDR Fernsehen

ALBANIENS ADRIA
20. Juni, 20.15 Uhr, NDR Fernsehen (Wiederholung)

KRETA
4. Juli, 20.15 Uhr, NDR Fernsehen
Kreta ist die größte griechische Insel – und die bekannteste. Ein Gebirge im Mittelmeer: Es ragt gut 2000 Meter hoch aus den Fluten, durchzogen von spektakulären Schluchten, an deren Ende malerische Buchten mit türkisfarbenem Wasser und sanften Sandstränden – und spannende mareTV-Geschichten: Bei Chania verwandelt sich Fischabfall in wertvollen Dünger; im Hafen von Souda wird eine Yacht zur Bühne, mit einem Einrad auf einem zwischen den Masten gespannten Seil startet die abendliche Akrobatikshow; vor Sitia misst sich die Stand-up-Paddle-Elite um die Lokalmatadorin Nancy Karaindrou; und am Strand Glyka Nera findet sich eine schwimmende Taverne.

LISSABON
18. Juli, 20.15 Uhr, NDR Fernsehen (Wiederholung)

BÜSUM UND DIE MELDORFER BUCHT
1. August, 20.15 Uhr, NDR Fernsehen (Wiederholung)

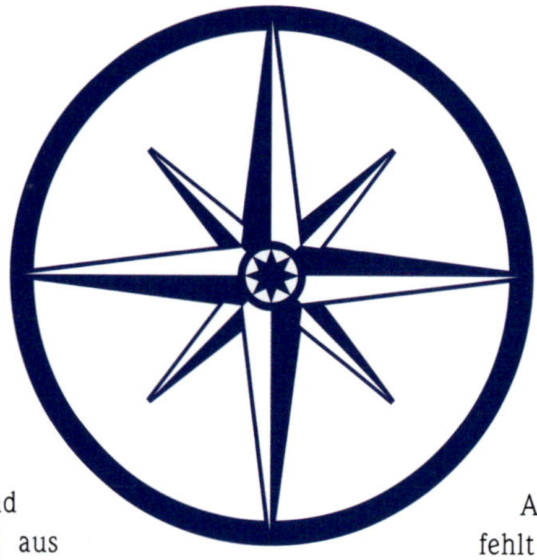

Massachusetts Institute of Technology, Cambridge, USA

Küstenschutz durch künstliche Riffe

Mit der Erwärmung der Ozeane könnten künftig viele Riffe absterben und als natürliche Wellenbrecher verloren gehen. Ingenieure des Massachusetts Institute of Technology (MIT) in Cambridge in den USA haben deshalb ein Konzept für ein künstliches Riff entwickelt, das sich leicht errichten lässt und wenig Material verbraucht. Das Riff soll aus Betonmodulen bestehen, die zu kilometerlangen Schutzwänden zusammengesteckt werden. Einzigartig ist das Design dieser Module. Jedes besteht aus fünf Zylindern, die leicht versetzt nebeneinander platziert werden. Wie Projektleiter Michael Triantafyllou im Fachjournal „PNAS Nexus" schreibt, bricht dieser Aufbau die Wellen, indem er sie zu kleinen Wirbelschleppen auflöst. „Wenn sechs Meter hohe Wellen auf diese Riffstruktur treffen, sind sie auf der anderen Seite weniger als einen Meter hoch", sagt Triantafyllou. „Das kann Erosion und Überschwemmungen verhindern." Die Module des MIT sollen auf ihrer Außenseite Vertiefungen aufweisen. Dank dieser Aussparungen sinkt der Materialbedarf im Vergleich zu herkömmlichen künstlichen Riffen auf ein Zehntel. Darüber hinaus sollen die Vertiefungen Fischen als Wohnhöhle dienen. Jetzt hoffen die Forscher auf Fördergelder, um ein erstes Riff bauen zu können. *ts*

Nord Universitet, Bodø, Norwegen

Schutzgebiete bringen finanziellen Gewinn

Meeresschutzgebiete lohnen sich nicht nur ökologisch, sondern auch in finanzieller Hinsicht. Die Gewinne belaufen sich in manchen Regionen auf bis zu mehrere Milliarden Dollar im Jahr. Zu diesem Schluss kommt der Meeresbiologe Mark John Costello in einer Studie, die er jetzt im Fachmagazin „Scientia Marina" veröffentlicht hat. Für die Studie hat der Forscher der im norwegischen Bodø ansässigen Nord Universitet Daten aus rund 200 Fachartikeln zu mehr als 50 Meeresschutzgebieten in gut 30 Ländern zusammengetragen, darunter auch Zahlen zur Größe von Fischbeständen, zu Fangmengen und zum Aufwand, den Fischer betreiben müssen, um eine bestimmte Menge Fisch zu fangen. „Meeresschutzgebiete wurden zu lange als wichtiger Beitrag zum Bruttoinlandsprodukt und als Jobmotor übersehen", sagt Costello. Die Studie zeige, dass die wachsenden Fischbestände in einer Schutzzone zu Überlaufeffekten führten. So reiche der Fischreichtum deutlich über die Grenzen der Schutzzonen hinaus, etwa bei Hummern, Jakobsmuscheln und verschiedenen Fischarten. Zudem seien die Tiere größer und damit wertvoller. „Bezeichnenderweise haben wir nirgendwo und zu keiner Zeit Hinweise darauf gefunden, dass Meeresschutzgebiete die Fischereiindustrie gefährden", so Costello. Das sei bislang eines der Hauptargumente gegen die Einrichtung von Schutzzonen gewesen. *ts*

Alfred-Wegener-Institut, Helmholtz-Zentrum für Polar- und Meeresforschung, Bremerhaven

Polarforschung für alle

Anders als Deutschland oder Großbritannien fehlt es kleineren europäischen Ländern wie den Niederlanden oder Ungarn an eigenen Eisbrechern oder Messstationen, um die Polargebiete auf eigene Faust zu erforschen. Deshalb hat die Europäische Union jetzt das Förderprojekt „Polarin" gestartet, das es Wissenschaftlern aus den betreffenden Ländern ermöglicht, die vorhandene Infrastruktur der europäischen Polarforschungseinrichtungen zu nutzen. Die Forscher können Fördergelder beantragen, mit denen etwa Kosten für Schiffstage oder Transport von Personal und Ausrüstung finanziert werden. Insgesamt gibt die EU 14,6 Millionen Euro dafür frei. Das „Polarin"-Projekt ist auf fünf Jahre angelegt. Rund 50 Einrichtungen aus Europa und auch aus Chile, Kanada und den USA stellen ihre Eisbrecher, Polarstationen, Sensoren und Messgeräte zur Verfügung. „Es geht aber nicht nur um Forschungsinfrastruktur", sagt die Projektkoordinatorin Nicole Biebow vom Alfred-Wegener-Institut in Bremerhaven. „Über das Projekt können die Antragsteller auch Zugriff auf langjährige Datenreihen von Messgeräten und Beobachtungssystemen in der Arktis und Antarktis bekommen, um eigene wissenschaftliche Fragestellungen zu bearbeiten." *ts*

AZTI Marine Research, Basque Research and Technology Alliance, Sukarrieta, Spanien

Wärme bringt Einwanderer nach Europa

Seit den 1980er-Jahren sind viele Meerestiere aus dem warmen südlichen Atlantik in europäische Gewässer eingewandert. Das ist das Ergebnis einer Studie, die in dem Fachblatt „Nature Communications" erschienen ist. Forscher hatten Daten von langjährigen Tiererfassungsprojekten ausgewertet und eine Zunahme der „Tropisierung" um 54 Prozent feststellt. Im Gegenzug seien an kaltes Wasser angepasste Arten verschwunden, vor allem aus dem Mittelmeer und der Ostsee. „Die steigenden Temperaturen können ganze Tierpopulationen zusammenbrechen lassen", sagt Guillem Chust, Meeresbiologe am baskischen Forschungszentrum AZTI und Erstautor der Studie. „Davon ist dann auch die Fischerei betroffen." Durch die Veränderungen seien Fischarten wie der Aal oder der Lachs besonders gefährdet, weil sie einen komplexen Lebenszyklus haben und zwischen Meer- und Süßwasser hin und her wandern. Es sei gut möglich, dass sich die Fischerei künftig auf neue Arten einstellen müsse, die sich im Norden etablieren. *ts*

ULTIMATIVE REISE INS WINTERLICHE NORDMEER
Erkunden Sie die Fjorde Nordnorwegens noch diesen Winter mit nur 12 Gästen an Bord! Sie folgen Schulen von Buckelwalen und Orcas, entdecken Otter und Seeadler. Und in der Polarnacht leuchten die mystischen Nordlichter, die Aurora borealis. Sie besuchen romantische Fischerdörfer und wärmen sich danach am gemütlichen Ofen im holzgetäfelten Salon unserer „Cape Race“.
Weitere Informationen unter www.mscaperace.com
mareexpeditionen
CAPE RACE

Welches Heft fehlt Ihnen noch?

Alle unten gezeigten mare-Ausgaben sind in unserem Shop erhältlich. Bestellen Sie einfach und schnell unter www.mare.de oder kontaktieren Sie uns per Telefon +49/(0)8105/388-103 oder per Fax +49/(0)8105/388-210.

Leben am Unterwasserberg: Seekröte *Chaunacops* in 1389 Meter Tiefe

Expedition

100 neue Tierarten entdeckt

Es ist eine wundersame Welt, auf die eine Expedition des Schmidt Ocean Institute vor der chilenischen Küste in Tausenden Metern Meerestiefe gestoßen ist. Bilder und Videos zeigen ein einzigartiges Ökosystem und bunte, zum Teil noch nie gesehene Lebewesen: Glasschwämme, Tiefseekorallen, Seeigel, Springkrebse. Mehr als 100 vermutlich bisher unbekannte Tierarten haben die Forscher dort in der Tiefsee entdeckt. „Die Expedition hat unsere Hoffnungen weit übertroffen“, sagt der Meeresbiologe und Expeditionsleiter Javier Sellanes von der chilenischen Universidad Católica del Norte. „Man geht immer davon aus, in diesen abgeschiedenen und wenig erforschten Gebieten neue Arten zu finden. Aber die Menge, die wir entdeckt haben, ist überwältigend.“ Möglich wurden die Bilder durch einen Unterwasserroboter, der zu Tauchgängen in bis zu 4500 Meter Tiefe fähig ist. Mit seiner Hilfe untersuchten die Forscher den Nazca- und den Salas-y-Gómez-Rücken, ein Unterwassergebirge, das sich mit einer Länge von rund 2900 Kilometern von der Küste Chiles bis nach Rapa Nui zieht. Die Seeberge – hier teils mehr als 3500 Meter hoch – bieten Tieren einen ganz besonderen Lebensraum. „In deren Ebenen ist das Meer normalerweise sehr tief und das Sediment am Boden weich“, erklärt Lilian Böhringer, Meeresbiologin am Alfred-Wegener-Institut in Bremerhaven. „In den Seebergen aber ist der Untergrund hart, sodass sich hier Lebewesen festhalten und ansiedeln können.“ Mit steigender Höhe dringt zudem mehr Licht durch, auch finden sich herabsinkende Stoffe, die manchen Arten als Nahrung dienen. „So kann sich in den Seebergen ein ganz anderes, vielfältigeres Ökosystem als in den Ebenen bilden“, so Böhringer. Ziel der Expedition war es, Daten für die mögliche Einrichtung eines internationalen Schutzgebiets zu sammeln. Rund 53 000 Quadratkilometer Meeresboden kartierten die Forscher, weitere Expeditionen sollen folgen. Geprüft wird nun auch, ob es sich bei allen vermuteten neuen Arten tatsächlich um bisher unbekannte Spezies handelt. *cb*

Schifffahrt

Kopie der „Titanic“

Bis zu 600 Millionen Euro will sich ein australischer Milliardär den lang gehegten Traum kosten lassen, eine originalgetreue Kopie der „Titanic“ zu bauen. Wie der Bergbaumagnat Clive Palmer auf einer Pressekonferenz in Sydney bekannt gab, ist der Baubeginn schon im Jahr 2025 geplant. Demnach soll die Kopie mit Ballsaal und türkischem Bad nicht nur über die gleichen Extras verfügen, sondern, so Palmer, sogar noch besser werden als das Original. 835 Kabinen seien vorgesehen, mit Platz für 2345 Passagiere. Die Jungfernfahrt soll 2027 vom britischen Southampton nach New York führen, und natürlich will der Unternehmer auch persönlich dabei sein. Die „Titanic“ sei nicht nur ein Schiff, sie sei „für uns alle ein episches Beispiel für Mut, Widerstandsfähigkeit und Einsatzbereitschaft“. Ob er das Vorhaben tatsächlich realisiert, bleibt jedoch abzuwarten. Schon 2012 hatte er die Pläne erstmals verkündet, die eher als Allüren eines Exzentrikers abgetan wurden – zumal sich seither nichts getan hat. Mal kam die Coronapandemie dazwischen, mal angebliche Zahlungsstreitigkeiten mit einer beteiligten Firma. An der Finanzierung solle das Vorhaben nun aber nicht scheitern, versicherte Palmer. Inzwischen habe er genug Geld, um gleich zehn „Titanics“ zu bauen, wenn er wolle. *cb*

Vision: Illustration der „Titanic II“

Architektur

Sonnenuhr am Meer

50 Meter hoch, zum Meer hin offen und aus hellem Beton erbaut, thront der „Sun Tower“ an der Küste der chinesischen Stadt Yantai. Das Pekinger Designbüro Open Architecture entwarf den Turm auf Grundlage einer Ausschreibung, die ungewöhnlich vage definiert war. „Etwas Einzigartiges, das die Küste der Stadt aufwertet“, suchten die Behörden für das ehemalige Industriegebiet am Meer. 30 Entwürfe dauerte es, bis das finale Design gefunden war: ein weißer, spitz zulaufender Turm, der auf der dem Wasser zugewandten Seite wie abgeschnitten wirkt und an eine übergroße Sonnenuhr erinnert. Noch in die-

China: neuer Turm in Yantai

sem Jahr wird er eröffnet und soll dann eine Schnittstelle zwischen Natur und Kultur schaffen. „Zum einen möchten wir die Menschen an die Wunder der Natur erinnern, die in der Hektik des Alltags oft vergessen werden", erklären die Architekten. Zum anderen habe man kulturelle Projekte ermöglichen wollen, an denen es der schnell wachsenden Stadt mangele. Neben einer Aussichtsplattform beherbergt der Turm Ausstellungs- und Bibliotheksräume sowie ein Freilufttheater, von dem aus man den Sonnenaufgang über dem Meer beobachten kann. Die Ähnlichkeit mit einer Sonnenuhr ist kein Zufall. Mit dem Design nehmen die Architekten Bezug auf die traditionelle Kultur der Sonnenanbetung in der Region. Der Turm sei vom Sonnenlicht geformt. Die Bahn der Sonne werde „im Lauf eines Jahres zur präzisen geometrischen Logik hinter dem scheinbar formlosen Gebäude", so die Architekten. *cb*

Geschichte

Pakete von 1807 geöffnet

Im Londoner Nationalarchiv haben Forscher fünf verschlossene Pakete gefunden, die die Briten vor mehr als 200 Jahren als Teil einer Schiffsfracht beschlagnahmt hatten. Das unter dänischer Flagge segelnde Handelsschiff „Anne Marie" befand sich auf dem Weg von den Färöerinseln nach Kopenhagen, als es am 2. September 1807 gekapert und seine Fracht konfisziert wurde. Da es sich um private Sendungen handelte, blieben die Pakete ungeöffnet und lagerten zusammen mit 200 Briefen fast vergessen im britischen Nationalarchiv. Das deutsch-britische Forscherteam hat sie nun im Beisein von Wissenschaftlern der Färöerinseln geöffnet. Zum Vorschein kamen: vier Paar weiße Damenstrümpfe, Getreide und ein rotblauer Damenstrickpullover im traditionellen Muster der Färöer. Dieser sei „der erste dieser typischen Pullover, der sicher auf eine so frühe Zeit datiert werden kann, eben weil er sich in einem Paket von 1807 befand", erklärt Historiker Lucas Haasis von der Universität Oldenburg. Hintergrund ist das 2018 gestartete Projekt „Prize Papers", deutsch: Prisenpapiere, ein Kooperationsprojekt der Universität Oldenburg und des britischen Nationalarchivs. Bis 2037 sollen dafür rund

Vor 60 Jahren

Raketenstarts im Wattenmeer werden eingestellt

Schon 1912 ist das Wattenmeer vor Cuxhaven eine Freifläche der besonderen Art: Die Kaiserliche Marine testet bei Altenwalde großkalibrige Schiffsmunition und Raketen. Kurz vor Ende des Zweiten Weltkriegs arbeiten deutsche Raketenforscher aus Peenemünde dort an den neuartigen V1- und V2-Flugkörpern mit großer Reichweite und Sprengkraft: Sie sollen als „Wunderwaffe" die drohende militärische Niederlage abwenden. Nach dem Krieg übernimmt ein rühriger Verein das Gelände mit Meerblick und Abschussrampe. Erlaubt ist allein die Erprobung von Raketen für zivile Zwecke. Die Schifffahrtsämter in Bremen und Hamburg sind jeweils für die kurzzeitige Unterbrechung der Schifffahrt zuständig. Erprobt werden zum Beispiel Raketen zur Erforschung der obersten Atmosphärenschichten, allerdings ohne Erfolg. 1957 werden erstmals Ölsprühraketen getestet. Die Idee: Gerät ein Schiff in Seenot, soll mittels Beschusses ein Ölteppich die aufgewühlte See beruhigen – nur tritt der gewünschte Effekt in der Praxis kaum ein. Es folgen Versuche mit Postraketen zu den Wattinseln Scharhörn und Neuwerk sowie symbolische Briefsendungen per Rakete mit Sonderstempeln der Bundespost, eine Touristenattraktion. 1961 schickt man einen Salamander namens Max und die Flunder Lotte auf eine Höhe von 20 Kilometern, die Tiere überleben. Mit dem Erreichen immer größerer Höhen verlagert sich das Interesse wieder ins Militärische. Die Waffen- und Luftrüstungs-AG, ein Zusammenschluss deutscher Rüstungskonzerne, lädt 1963 zum Schaustart einer neuartigen Rakete. Militärs aus Jordanien und Saudi-Arabien sind vor Ort im Watt. Das alarmiert den noch jungen Staat Israel. Ebenso protestiert die Sowjetunion. Auch die Bundesregierung distanziert sich. Daraufhin untersagt im Mai 1964 das Luftfahrtbundesamt endgültig Raketenstarts im Wattenmeer. Eine Ära geht zu Ende. *fk*

Illustration: Ueli Etter

500 000 Dokumente aus dem Archiv erschlossen, digitalisiert und der Öffentlichkeit frei zugänglich gemacht werden. Sie stammen von Schiffen, die die Briten zwischen 1652 und 1815 während insgesamt 16 Seekriegen kaperten – damals ganz legal, wenn es verfeindete Schiffe waren. „Insgesamt haben wir es mit 35 000 Kaperungen zu tun", so Haasis. Im Nationalarchiv lagern 4088 Boxen. Viele sind noch ungeöffnet, oft ist nur der Name des Schiffs bekannt, von dem die Box stammt. Die nun entdeckten Pakete seien bisher allerdings einmalig, sagt Haasis. Ihr Inhalt ist so gut erhalten, dass die Forscher auch von „Zeitkapseln" sprechen. Aus den beigefügten Briefen lässt sich erschließen, in welchem Kontext die Waren verschickt wurden. So sollte der Pullover wohl Teil eines Nachtgewands werden. Das Getreide wiederum wurde damals als verdorben reklamiert und zurück nach Dänemark geschickt. Die Forscher wollen nun versuchen, es zum Keimen zu bringen. *cb*

Forschung

Neues Unterwasserteleskop

Im Mittelmeer, in einer Tiefe von 3459 Metern, ist vor Kurzem Europas größtes Unterwasserteleskop installiert worden. Fotodetektoren fangen kosmische Teilchen ein, und seine Mikrofone belauschen die Meeresumwelt. Für dieses besondere Teleskop namens IDMAR verankerte ein ferngesteuertes Tauchfahrzeug 80 Kilometer vor der Südspitze Siziliens kugelförmige Detektionseinheiten. Ein Schaltkasten sorgt für die Stromversorgung. Die akustischen und optischen Messwerte fließen über ein Unterwasserkabel zur Datenzentrale ins sizilianische Portopalo di Capo Passero. Die Hydrofone können Meeresgeräusche aus allen Richtungen der Tiefsee aufnehmen – in Echtzeit. Das war bislang nicht möglich. „Dank IDMAR haben wir herausgefunden, dass es doch noch Wale, und zwar Pottwale, im Mittelmeer gibt", so Akustikphysikerin Giuseppina Larosa am INFN-Laboratori Nazionali del Sud. „Wir konnten sie hören und verfolgen, wohin sie schwimmen." Das multidisziplinäre Unterwasserlabor ist zudem mit hochsensiblen Fotosensoren ausgestattet. „Sie sollen im Dauerdunkel der Tiefsee die schwachen Lichtblitze kosmischer Neutrinos aufspüren", erklärt Thomas Eberl, Mitarbeiter des 40 Millionen Euro teuren EU-Projekts. Von der sogenannten Tscherenkow-Strahlung erhofft sich der Astrophysiker der Universität Erlangen-Nürnberg neue Informationen über Elementarteilchen, die als „Geisterteilchen" gelten, weil sie schwer zu fassen sind. Auch Geophysiker profitieren von IDMAR: Da die Detektionseinheiten genau dort liegen, wo die Eurasische auf die Afrikanische Platte trifft, ist es nun möglich, seismische Aktivität direkt an der Quelle zu untersuchen. *jsc*

Teleskop installiert: Arbeiter holen das Trägerfahrzeug zurück

Wirtschaft

Austernzentrum eröffnet

Entdecken, schmecken, verstehen – so lautet das Motto des Austernzentrums Ostréapolis, das vor Kurzem an der bretonischen Küste eröffnet hat. Im kleinen Küstenort Le Tour-du-Parc können Besucher seither auf 1000 Quadratmeter Fläche alles über die Zucht, das Handwerk der Austernfischer und die verschiedenen Entwicklungsstadien der Muschel erfahren. Zu regelmäßigen Debatten über die Austernwirtschaft in der Region werden Forscher und Experten geladen, fürs Schmecken wiederum ist ein Gastronomiezentrum zuständig. Workshops und Verköstigungen sollen hier die Geschmacksvielfalt der Meeresfrucht aufzeigen. Traditionelle bretonische Zubereitungsarten und lokale Spezialitäten stehen auf dem Speiseplan, aber auch internationale Varianten wie die pochierte Auster aus Japan. In der Bretagne ist die Muschel kein Luxusgut, sondern Teil jahrhundertealter Kultur. Laut dem Verband Tourisme Bretagne bringt allein der südliche Teil der Region jährlich rund 17 000 Tonnen Austern hervor. Neben Cancale in der Nordbretagne, dessen Austernkulturen seit 2019 immaterielles Unesco-Weltkulturerbe sind, gilt der Golf von Morbihan im Süden als eine der Hochburgen der Zucht. *cb*

Energie

Kraftwerk nutzt Wärme

Energie aus Meereswärme ist eine nicht neue, aber schwer realisierbare Idee, die schon ins 19. Jahrhundert zurückreicht. Nun gibt es dafür einen neuen

OFFSHORE-BANKING

Anlauf: Vor der Küste Westafrikas will das Londoner Unternehmen Global OTEC auf einem Lastkahn ein Kraftwerk betreiben, das sich die Temperaturunterschiede im Ozean zunutze macht. Mithilfe von warmem Oberflächen- und kaltem Tiefenwasser soll die 1,5-Megawatt-Anlage genug Strom erzeugen, um dem Inselstaat São Tomé und Príncipe 17 Prozent von dessen Bedarf zu liefern. Es wäre eine klimafreundliche und rund um die Uhr verfügbare Energie mit riesigem Potenzial. Tag für Tag heizt die Sonne in tropischen Gebieten die oberste Meeresschicht auf. „Die Temperatur kann hier durchaus 28 Grad überschreiten“, sagt Axel Bochert, der an der Hochschule Bremerhaven Maritime Technologien lehrt. Darunter nehme die Temperatur hingegen rapide ab, in 800 bis 1000 Meter Tiefe könne sie schon bei unter vier Grad liegen. OTEC-Kraftwerke („Ocean Thermal Energy Conversion“) wollen diese Differenz nutzen: Mit dem Oberflächenwasser wird etwa Ammoniak erwärmt, das unter Druck ab 25 Grad Celsius verdampft. Der Dampf treibt eine Turbine an, diese gibt die Energie an einen Generator weiter. Mit der Kälte des Tiefenwassers wird der Dampf im Kondensator anschließend verflüssigt, sodass die Flüssigkeit wieder zum Kochen gebracht werden kann. „Das gilt in Regionen als sinnvoll, wo die Temperaturdifferenz im Meer 20 Grad überschreitet“, erklärt Bochert. „Es wäre also etwa an den Küsten Afrikas, in Indien und an den tropischen Küsten Südamerikas möglich. Vor allem die zahlreichen Inseln in der Karibik oder im Pazifischen Ozean könnten davon profitieren.“ Bisher gibt es bei der Umsetzung jedoch Probleme. Die Anlagen müssen Unwettern, Wellen und Strömung standhalten. „Um Tiefenwasser heraufzupumpen, sind 800 bis 1000 Meter lange Leitungen nötig, die besonders empfindlich sind“, erklärt Bochert. Zudem scheiterten frühere Versuche meist daran, dass die Anlagen selbst zu viel Energie benötigten und nicht effizient und rentabel waren. Auch mögliche ökologische Folgen der Wasserumwälzungen müssen geprüft werden. Laut Global OTEC habe es aber in vielen Punkten Fortschritte gegeben, sodass etwa die Produktionskosten deutlich gesenkt werden konnten. „Man kann diesem Prototyp nur Erfolg wünschen“, sagt Bochert. „Gerade für kleine Inseln in tropischen Regionen, die ihre Generatoren bisher mit Diesel betreiben, könnte das eine ideale Lösung für die Zukunft sein.“ *cb*

Klimafreundlich: Kraftwerk gewinnt Energie aus Meereswärme

Verkehr

Radarfallen in Venedig

Motorboote, Wasserbusse, Gondeln: Straßen und Autos gibt es im historischen Zentrum von Venedig zwar nicht, ein Verkehrsproblem hat die Lagunenstadt aber trotzdem. Seit Jahren drängen sich Boote und Schiffe in den Kanälen, immer wieder kommt es zu Unfällen. Außerdem verstärken übermäßige Wellenbewegungen die Erosion und setzen den ohnehin angegriffenen Kanalwänden zu. Nun sollen Blitzer auf dem Wasser für mehr Sicherheit und besseren Schutz der alten Gebäude sorgen: „Barcavelox“ heißen die Radarfallen, mit denen die Stadt die Geschwindigkeit von Booten kontrollieren will. Bürgermeister Luigi Brugnaro setzt sich schon seit Jahren dafür ein. Nun hat die italienische Abgeordnetenkammer den Weg für eine entsprechende Änderung im Gesetzentwurf zur Verkehrssicherheit freigemacht. Eine Genehmigung gilt als sicher, der Einsatz der Blitzer sei sogar schon vorher möglich, schreiben venezianische Zeitungen. Demnach existiert die nötige Technik bereits, Bürokratie und Gesetzeslücken verhinderten die Bestrafung von Rasern in der Praxis bisher aber. Die neue Verordnung soll den Betrieb der „Barcavelox“ künftig rechtssicher machen. Bis die Blitzer tatsächlich einsatzbereit sind, könnte es laut Stadtverwaltung noch mehrere Monate dauern. *cb*

Boote auf dem Canal Grande

Illustration: Ueli Etter

Impressum

mare

VERLEGER UND CHEFREDAKTEUR
Nikolaus Gelpke (V. i. S. d. P.)

STELLVERTRETENDER CHEFREDAKTEUR TEXTCHEF
Karl Spurzem
spurzem@mare.de

ART DIRECTOR
Nadja Zobel
zobel@mare.de

PHOTO DIRECTORS
Petra Koßmann, Anastasia Hermann
kossmann@mare.de, hermann@mare.de

REDAKTION LEBEN/POLITIK
Dimitri Ladischensky
ladischensky@mare.de

REDAKTION WIRTSCHAFT/WISSENSCHAFT
Jan Keith
keith@mare.de

REDAKTION KULTUR
Zora del Buono, Martina Wimmer
delbuono@mare.de, wimmer@mare.de

REDAKTION ONLINE
Wiebke Böse
boese@mare.de

LEITUNG MARKETING/KOMMUNIKATION
Jan Lehmköster
lehmkoester@mare.de

VERTRIEBSLEITUNG
Karin Trommer
trommer@mare.de

BUCHHALTUNG
Nicole Steinhauser
steinhauser@mare.de

ORGANISATION
Eva Grünert
gruenert@mare.de

SATZ/LITHOGRAFIE
Andrea Best
best@mare.de

KORREKTORAT
Susanne Feyke

DRUCK
Druckhaus Kaufmann

VERTRIEB
D-Force-One GmbH
ISSN 1432-928X
ISBN 978-3-86648-453-5

ABONNEMENTVERTRIEB
QS Quality Service GmbH

ANSCHRIFTEN

Redaktion und Verlag
mareverlag GmbH & Co. oHG
Sandthorquaihof
Pickhuben 2, 20457 Hamburg
Telefon 040/36 98 59-0
Fax 040/36 98 59-99
mare@mare.de, www.mare.de

Redaktionsbüro Berlin
Hagelberger Straße 53/54
10965 Berlin
Art Direction: Telefon 030/612 86 156
Photo Direction: Telefon 030/617 027 34
Redaktion Kultur: Telefon 030/612 806 93
Fax 030/612 806 94

ABONNEMENTSERVICE

mare-Service
Postfach 11 10 11, 20410 Hamburg
service@abo.mare.de
Telefon +49/(0)40/3007-3536, Fax -853536
Jahresabonnement: 67,50 Euro
Studentenabonnement: 60,75 Euro

mare ist stets erhältlich im Bahnhofs- und Flughafenbuchhandel.

mare erscheint im mareverlag GmbH & Co. oHG, HRA 90234, PHG: Dreiviertel Verlag GmbH, HRB 63029, Nikolaus Gelpke

ANZEIGEN

ANZEIGENLEITUNG mare
Anke Wiegel
Speersort 1, 20095 Hamburg
Telefon 040/3280-345
anke.wiegel@zeit.de

LIFESTYLE
Rudigier Consulting
Telefon 089/3742 6655
Mobil 0160/9094 9098
Mauerkircherstraße 34, 81679 München
patricia@rudigier-consulting.com

INTERNATIONAL
iq media marketing gmbh
Gerda Gavric-Hollender
Telefon 0211/887-2343
Toulouser Allee 27, 40211 Düsseldorf
gerda.gavric-hollender@iqm.de

BILD- UND TEXTNACHWEISE

Bildnachweise

(l.: links; r.: rechts; M.: Mitte; o.: oben; u.: unten)

Titel: © lookphotos/Sabine Lubenow; S. 5: Mathias Bothor/Photoselection; S. 6 v.o.l.n.u.r.: Jonas Kakó/Panos Pictures; Holger Nimtz, Lychen/www.holge.de; Dmitrij Leltschuk; Ocean Builders; Arthur Szyk, aus dem Buch: „The last days of Shylock". A Novel by Ludwig Lewisohn. Harper & Brothers, New York and London, 1931; Online: https://archive.org/details/gri_33125010887327/page/n35/mode/2up; Auscape/Getty Images; S. 7 (Hintergrund): Andrea Gjestvang/Panos Pictures; S. 10/11: mare/Illustration: RB+MKB-Deskkart, Hamburg; S. 14–26: Jonas Kakó/Panos Pictures; S. 29: Gothenburg Museum of Art, Sweden/Hossein Sehatlou; S. 30–34: Holger Nimtz, Lychen/www.holge.de; S. 37 (Porträt): privat; S. 40–53; Heike Ollertz/Agentur Focus; S. 54–59: Bruce Gilden/Magnum Photos, Assistent: Caleb Henderson; S. 64–73: Dmitrij Leltschuk; S. 74–81: Stefan Pielow, Assistent: Thilo Härdtlein; S. 85 (alle): © Gaia Squarci; S. 86 und 87: Ocean Builders; S. 88 und 89: © Tod Seelie; S. 90: Arthur Szyk, aus dem Buch: „The last days of Shylock". A Novel by Ludwig Lewisohn. Harper & Brothers, New York and London, 1931; S. 92: Biblioteca Nacional Digital, Public Domain, https://bndigital.bnportugal.gov.pt/idurl/1/37832; S. 93: Public Domain, Kunsthistorisches Museum Wien, Gemäldegalerie; S. 94 (Hintergrund): Kana Design Image/Adobe Stock; S. 95 (Illustration): Orlando Hoetzel; S. 96: Online: https://archive.org/details/gri_33125010887327/page/n35/mode/2up; S. 97: Online: https://archive.org/details/gri_33125010887327/page/n119/mode/2up; S. 99: bpk/Deutsches Historisches Museum; S. 100 o.: SUB Göttingen, Online: https://gdz.sub.uni-goettingen.de/id/PPN898185491, Seite 47, Plate VIII; S. 100 u.: Online: https://archive.org/details/gri_33125010887327/page/n111/mode/2up; S. 101 o.: Barry Lawrence Ruderman Antique Maps Inc.; S. 101 u.: Online: https://archive.org/details/gri_33125010887327/page/n375/mode/2up; S. 102: Online: https://archive.org/details/gri_33125010887327/page/n19/mode/2up; S. 104: Privatbesitz des Autors; S. 108 und 109 (alle): Sylvie Leblanc; S. 111: Dario Lasagni; S. 112: aus dem besprochenen Buch, © 2024 Carlsen Verlag GmbH, © 2023 Casterman; S. 114: © Purix Verlag Volker Christen/Bridgeman Images; S. 115 (Porträt): Mathias Bothor/Photoselection; S. 116–120: Dmitrij Leltschuk; S. 123 o.: Blue Planet Archive/Doug Perrine; S. 123 u.: Auscape/Getty Images; S. 124: Penta Springs Limited/Alamy Stock Foto; S. 126: DEEPOL by plainpicture/Chris Ross; S. 127: Toms Auzins/robertharding/laif; S. 127 (Kasten): © Archiv Hönscheid, 1970er; S. 132–135 (Illustration unten): Ueli Etter; S. 132 o.: ROV SuBastian/Schmidt Ocean Institute; S. 132 u.: picture alliance/dpa; S. 133: OPEN Architecture; S. 133 (Kasten): Tallandier/Bridgeman Images; S. 134: Marijn van der Meer/Quest; S. 135 (Illustration): Kriki/Christian Groß; S. 135 u.: Global OTEC; S. 135 o.r.: picture alliance/dpa/Sergei Bobylev; S. 136: Heike Ollertz/Agentur Focus; S. 137: © plainpicture/Bill Davies; S. 138: Volker Straeter; Heftrücken: Conny Bangert.

Textnachweise

S. 28 o.: Heinrich Heine, „Reisebilder", Artemis & Winkler, München, 1969; S. 28 u.: Hendrik Rost, „Berenice", aus: Hendrik Rost, „Aerobic und Gegenliebe. Gedichte", Grupello Verlag, Düsseldorf, 2001.

Der Abonnementauflage von mare sind Beilagen von Linvosges und Jaron Verlag/Klassik Festival hinzugefügt. Wir bitten um freundliche Beachtung.

ClimatePartner
klimaneutral
Druck | ID 11061-1707-1001

mare wird klimaneutral hergestellt und an die Abonnenten in einer kompostierbaren Biofolie versendet.

Vorschau

mare *No. 165*

ab 2. August im Zeitschriften- und Buchhandel

August/September 2024

Die Windsors

Es ist ein weltweit einmaliges Konstrukt: Der Meeresboden rund um Großbritannien gehört seit 1964 offiziell der Krone. König Charles III. herrscht somit über eine Fläche, die viermal so groß ist wie das britische Festland. Über eine royale Firma vergeben die Windsors Lizenzen für die Nutzung der Meeresböden und verdienen damit Milliarden. Was geschieht mit all dem Geld?

Weitere Themen im Heft

Fisherman's Wharf
Fisherman's Wharf in San Francisco wurde einst von italienischen Fischern gegründet. Manche sind heute noch da.

Gegen das Regime
DDR-Schriftstellerin Helga Novak arbeitete in einer Fischfabrik, ehe sie mit ihren Texten zur Staatsfeindin wurde.

Die Delfine der Shark Bay
Delfine sind klug. In einer Bucht in Australien verwenden sie sogar ähnlich raffinierte Werkzeuge wie Schimpansen.

Der in Haan lebende Illustrator Volker Straeter interpretierte für mare den Welthit „(Sittin' On) The Dock of the Bay" von Otis Redding. Der 1941 in Georgia geborene Sohn eines Predigers gewann in der Highschool bei Musiktalentwettbewerben und nahm mit 21 bereits seine erste Schallplatte auf. Es folgten rasch weitere Plattenproduktionen bei dem Label Stax, die ihn zur maßgeblichen Figur des „Memphis Soul" und zum „King of Soul" machten. Redding schrieb etliche Lieder, mit denen andere Künstler Erfolge feierten, wie etwa „Respect" von Aretha Franklin, und wurde unzählige Mal gecovert. Unsterblich machte ihn vor allem der Song „(Sittin' On) The Dock of the Bay", den er 1967 drei Tage vor seinem tragischen Tod bei einem Flugzeugabsturz aufnahm. Der deutsche Rockmusiker Udo Lindenberg nahm den Song 1978 in sein Repertoire auf.